AF563260

LOS ACUERDOS DE LENIDAD EN LA LUCHA CONTRA LA CORRUPCIÓN

RAFAEL SIMÓN JIMÉNEZ TAPIA

MAGISTER EN POLÍTICAS ANTICORRUPCIÓN Y COMPLIANCE IBEROAMERICANO (UNIVERSIDAD DE SALAMANCA) Y ESPECIALISTA EN INVESTIGACIÓN Y RECUPERACIÓN DE ACTIVOS (UNIVERSIDAD DE GRANADA)
MIEMBRO DE LA COMUNIDAD DE CONOCIMIENTO EN EXTINCIÓN DE DOMINIO (BASEL INSTITUTE ON GOVERNANCE)

EMILIO JOSÉ URBINA MENDOZA

DOCTOR EN DERECHO (UNIVERSIDAD DE DEUSTO)
PROFESOR DE POSTGRADO DE LA UNIVERSIDAD CATÓLICA ANDRÉS BELLO
MIEMBRO DE LA COMUNIDAD DE CONOCIMIENTO EN EXTINCIÓN DE DOMINIO (BASE INSTITUTE ON GOVERNANCE)

LOS ACUERDOS DE LENIDAD EN LA LUCHA CONTRA LA CORRUPCIÓN

COLECCIÓN ESTUDIOS JURÍDICOS

N° 145

Editorial Jurídica Venezolana International

Caracas, 2021

ISBN 978-1-68564-731-5

Editorial Jurídica Venezolana
Sabana Grande, Av. Francisco Solano, Edif. Torre Oasis, Local 4, P.B.
Apartado Postal 17.598, Caracas 1015-A, Venezuela
Teléfonos: 762.2553/762.3842 - Fax: 763.5239
E-mail fejv@cantv.net
http://www.editorialjuridicavenezolana.com.ve

Impreso por: Lightning Source, an INGRAM Content company
para: Editorial Jurídica Venezolana International Inc.
Panamá, República de Panamá.
Email: ejvinternational@gmail.com

Diagramación, composición y montaje
por: Mirna Pinto de Naranjo, en letra Book Antigua 11,
Interlineado 12, mancha 11.5 x 18

ÍNDICE DE CONTENIDO

LISTA DE ABREVIATURAS

BOE	Boletín Oficial de Estado (España)
CEC	Código de Enjuiciamiento Criminal (Venezuela)
CoIDH	Corte Interamericana de los Derechos Humanos
COPP	Código Orgánico Procesal Penal (Venezuela)
CPC	Código de Procedimiento Civil (Venezuela)
CPE	Código Penal Español
CPI	Corruption perception index
CRBV	Constitución de la República Bolivariana de Venezuela
DLE	Diccionario de la Lengua Española
DOU	Diário Oficial da União (Brasil)
DRAE	Diccionario de la Real Academia Española
GO	Gaceta Oficial Ordinaria (Venezuela)
GOE	Gaceta Oficial Extraordinaria (Venezuela)
GRC	Gobernanza-Riesgo-Complianza
LEC	Ley de Enjuiciamiento Civil (España)
LECrim	Ley de Enjuiciamiento Criminal (España)
LCC	Ley contra la Corrupción (Venezuela)
LERAPC	Ley de Recuperación de Activos producto de la Corrupción (Venezuela)
LOCDOFT	Ley Orgánica contra la Delincuencia Organizada y Financiamiento del Terrorismo (Venezuela)
LOJCA	Ley Orgánica de la Jurisdicción Contencioso Administrativa (Venezuela)

LOSPP	Ley Orgánica de Salvaguarda del Patrimonio Público (Venezuela)
LPCE	Ley de Prácticas Corruptas en el Extranjero (EEUU)
OCDE	Organización de Cooperación y Desarrollo Económico
OCDE97	Convención para Combatir el Cohecho de Servidores Públicos Extranjeros en Transacciones Comerciales Internacionales de la Organización de Cooperación y Desarrollo Económico
TEDH	Tribunal Europeo de los Derechos Humanos
TER	Teoría de la Elección Racional
TSJ/SC	Tribunal Supremo de Justicia/Sala Constitucional (Venezuela)
TSJ/SCC	Tribunal Supremo de Justicia/Sala de Casación Civil (Venezuela)
TSJ/SPA	Tribunal Supremo de Justicia/Sala Político-Administrativa (Venezuela)
TSJ/SCP	Tribunal Supremo de Justicia/Sala de Casación Penal (Venezuela)
UNCAC	Convención de las Naciones Unidas contra la Corrupción (Convención de Mérida 2003)

INTRODUCCIÓN

No hace mucho, quienes suscriben el presente, presentamos a la comunidad jurídica global nuestro libro *El Comiso autónomo y la extinción de dominio en la lucha contra la corrupción*[1]. En la obra quisimos reorganizar una materia ignota -y heterodoxa- en la tradición dogmática continental; pero paradójicamente, de frenética colonización en los diversos ordenamientos jurídicos latinoamericanos[2] y su exitosa consolidación jurisprudencial[3] a lo largo de la década 2010-2020.

---

1 El libro fue publicado en diciembre de 2020 gracias al profesor ALLAN R. BREWER CARÍAS y a la Editorial Jurídica Venezolana. La obra se incardinó dentro de la novísima colección "Biblioteca Dr. Allan R. Brewer-Carías del Instituto de Investigaciones de la Universidad Católica Andrés Bello", N° 3, 2020, 262 pp.

2 Existe la paradoja dogmática con respecto a ciertas instituciones jurídicas de nueva factura, en la cual, aparece una fascinación y posteriormente sectores jurídicos se encargan de evitar su ejecutoria. En el caso latinoamericano ocurre con la extinción de dominio. En materias propias como la corrupción, donde ya observamos una transformación casi en principio fundamental, *de que no sólo se combate aquella por la exclusiva vía penal*, sino a través de múltiples instituciones y conceptos. Para más detalles, véase CORTE INTERAMERICANA DE LOS DERECHOS HUMANOS, Sentencia de 1 de septiembre de 2011, Serie C, N° 233 (Caso: *López Mendoza Vs. Venezuela*), Fondo, Reparaciones y Costas. Debemos resaltar el párrafo 11 del voto concurrente del Magistrado DIEGO GARCÍA-SAYÁN que decide: "(...) 11. El marco conceptual y normativo de las obligaciones internacionales en la lucha contra la corrupción, por su parte, marca ciertas pautas de conducta para los Estados en la implementación de la Convención de las Nacio-

Desde entonces nos hemos comprometido con la revisión de aquellas instituciones no comunes, a veces vapuleadas de forma incomprensible y mal intencionada, que han brindado una respuesta certera para enfrentar el grave flagelo de la corrupción y sus complejos mecanismos de conquista societaria a lo que LUIGI FERRAJOLI ha bautizado con atinada expresión "los poderes salvajes", en los cuales, la separación de los intereses públicos de los privados se hace cada vez más imperceptible[4] en la medida que avanza el siglo XXI.

De esta forma, la nueva centuria, -iniciada fatídicamente con el simbolismo del 11 de septiembre de 2001- no sólo sembró en el imaginario global la sensación de miedo y vulnerabilidad vital, sino

---

nes Unidas contra la Corrupción y de la Convención Interamericana contra la Corrupción. En esos instrumentos se ha precisado obligaciones que *no se limitan al camino de procesos penales para combatir conductas relacionadas con el fenómeno de la corrupción* (...)" (cursivas nuestras).

3 Hacemos referencia a la prolífica -y exhaustiva- jurisprudencia de instancia en extinción de dominio ejecutoriada como estrategia por la jurisdicción peruana, hondureña, guatemalteca y salvadoreña de *construir una rica jurisprudencia sobre extinción de dominio desde las instancias más cercanas al ciudadano* y no tanto desde las Cortes o Tribunales Supremos. Basta con revisar las estadísticas de estos países para concluir que dentro de la judicatura ordinaria ya existe una noción de criterios que van consolidándose hasta construir una heurística jurisprudencia que parte desde elementales declaratorias de extinción de dominio sobre bienes insignificantes desde su valor material hasta complejos casos como "*la monja*" (financiamiento al terrorismo) o las *comisiones ilegales en adquisición de aeronaves de guerra.* Lo resaltante de esta buena práctica es la preparación de criterios judiciales fortalecidos a lo largo de toda la jurisdicción de estas naciones. Para más detalles véase PROCURADURÍA GENERAL DEL ESTADO-BASEL INSTITUTE ON GOVERNANCE, *Compendio de Jurisprudencia de extinción de dominio,* Lima, 2021.

4 FERRAJOLI, L. *Poderes salvajes. La crisis de la democracia constitucional,* Madrid, 2011, Trotta, p. 52-53.

también, del cambio cualitativo más importante desde la transición de la edad media a la modernidad. El advenimiento de un modelo de sociedad global postindustrial[5], consecuencia directa de la nueva concepción dinamizada de la economía planetaria y su plenitud expansiva nunca vista en la historia humana[6]; facilitaría también desconocidas patologías del comportamiento ciudadano y no ciudadano promedio. Es el fin de las barreras ideológicas y sus dogmas estatales de soberanías absolutas, lo cual, facilitaría también para que paralelamente las actividades ilícitas aprendieran a radicarse imperceptiblemente en el sistema económico y sus principales instrumentos, sobresaliendo, la propia empresa[7].

---

5 Para más detalles véase TOURAINE, A. *La sociedad postindustrial,* Barcelona, 1969, Ariel. COHEN, D. *Tres elecciones sobre la sociedad postindustrial,* Madrid, 2007, Katz Editores.

6 Véase MANTILLA VALBUENA, S.C. "Más allá del discurso hegemónico: narcotráfico, terrorismo y narcoterrorismo en la era del miedo y la seguridad global", *Papel político,* N° 1, Vol. 13, 2007, p. 227-259. Es importante diferenciar los procesos expansivos generados entre 1945 y 1975 de los facturados posterior a la caída del muro de Berlín a finales de 1989. En la primera etapa, acuñada por J. FOURASTIÉ como los "treinta gloriosos" (*Les Trente Glorieuses, ou la révolution invisible de 1946 à 1975,* París, 1979, Fayard), el crecimiento económico se realiza basado en el modelo de Estado promotor, donde buena parte de las políticas públicas se dedicaron al proceso de desarrollo económico. En la segunda fase, ya no estamos en presencia de un Estado promotor, sino, bajo esquema de liberalización económica donde precisamente los Estados encontraron una sustancial reducción de su participación como actor económico. Para más detalles, véase WILLIAMSON, J. *The political Economy of Policy Reform,* Washington D.C., 1994, Institute for International Economics. También, véase CLIFT, J. "Más allá del Consenso de Washington", *Finanzas & Desarrollo,* Vol. 40, N° 3, 2003, p. 9-35. SOROS, G. y WOLF, M. *La globalización liberal. A favor y en contra,* Barcelona, 2002, Editorial Anagrama.

7 Véase GARCÍA ECHEVARRÍA, S. "La globalización de la economía como motor de cambio económico-social y empresarial", *Situación: revista de coyuntura económica,* N° 3, 1996, p. 5-20. GÓMEZ AVILÉS-

Estas transformaciones terminarán influyendo también sobre todas las bases del edificio jurídico construido desde 1945. Así, la dogmática -y más específicamente la penal- impone la necesidad de replantear su capacidad para enfrentar los problemas propios de un mundo desenfrenado donde conductas degenerativas con propósitos económicos ilícitos dilatan las clásicas fronteras soberanas o las formas de control de las administraciones públicas. Es la llamada *sociedad del riesgo global*[8]. A este concepto de BECK, debe adicionarse la mutación -acelerada por las consecuencias del Covid-19 en 2020- hacia la "cuarta revolución industrial" según terminología acuñada por el profesor KLAUS SCHWAB[9]. Nueva etapa donde la virtualización y la IA se vuelven susceptibles de ser manipuladas para favorecer la criminalidad económica 2.0, amparada en un margen considerable de anonimato y libertad digital.

Las tensiones surgidas por la expansión económica de los mercados fieramente desregularizados[10], ahora devenidos en globales, facturaría también conductas delictuales dentro de procesos económicos lícitos, cual espejo de las corporaciones trasnacionales que, por su complejo mecanismo de funcionamiento, deviene muchas veces en lo que ISIDORO BLANCO CORDERO explica como "perfecto

---

CASCO, F. "El papel de la empresa en la internacionalización de la economía española", *Información Comercial Española, ICE: Revista de economía,* N° 826, 2005, p. 423-434.

8 BECK, U. *La sociedad del riesgo global,* Madrid, 2002, Siglo XXI.

9 Luego de las medidas gubernamentales de confinamiento global por la pandemia del Covid-19, declarada a nivel global desde mediados de marzo de 2020 y semifinalizada en noviembre de 2020, lo que supondría la evolución del modelo postindustrial hacia el "transindustrial" a finales de 2030, se aceleraría exponencialmente con las alternativas presentadas por la Inteligencia Artificial, el Teletrabajo y otras modalidades virtuales. Véase SCHWAB, K. *The fourth industrial revolution,* Ginebra, 2016, World Economic Forum.

10 Véase BERNALDO DE QUIRÓS, L. "Liberalización, desregulación y mercado", *Cuadernos de derecho judicial,* N° 12, 2000, p. 221-238.

mecanismo criminógeno"[11]. La delincuencia organizada, como prototípico concepto extendido no sólo en la jerga de los tratados y convenios internacionales sino en la literatura jurídica especializada; aprendió a inmiscuirse en los delicados entresijos de la actividad empresarial global, potenciando su ya de por sí ambiente corporativo propicio a las inhibiciones personales en pro de actitudes delictivas diluidas en la enmarañada esencia de la personalidad jurídica.

Contra esta realidad -cada vez más palpable- la comunidad internacional ha venido despejando evolutivamente todo un universo conceptual -sustantivo y adjetivo- colocándose muchas veces por encima de las propias bases dogmáticas e históricas del Derecho penal o administrativo sancionador. Si queremos realmente implementar un modelo de ejercicio empresarial transparente e inmune a los tentáculos de la delincuencia organizada, requerimos de empresas que sean de difícil manipulación. Por ejemplo, aforismos que desde el constitucionalismo clásico han estado presente, tales como, *societas delinquiere non potest,* se someten a tensiones permanentes donde como apunta AGUIRRE BATES, ni hay consensos ni mucho menos discusiones pacíficas al respecto[12].

Lo importante es que ya no es un dogma irrebatible, sino, una idea superable propia de imaginarios anclados en otros tiempos donde parecía imposible concebir que la empresa lícita fuera el portaviones para prácticas corruptas. También las personas jurídicas pueden ser enjuiciadas penalmente, no sólo en países pioneros como los

---

11 BLANCO CORDERO, I. *La responsabilidad penal de las personas jurídicas: cuestiones de política criminal,* Salamanca, 2020, Apuntes del Módulo III, Parte I del programa Máster On line Iberoamericano en Compliance, p. 6-7.

12 AGUIRRE BATES, K. "La responsabilidad penal de las empresas y de los delitos transnacionales: su combate a través de la jurisdicción universal", en: DONDÉ MATUTE, F.J. *Delitos Transnacionales,* Ciudad de México, 2018, Tirant lo Blanch, p. 40.

Estados Unidos[13] o quienes forman parte de la OCDE[14], sino también, en aquellos donde su legislación interna no contempla esta responsabilidad. Inclusive, hay respetables posiciones que van más allá, donde se divisa la posibilidad de que los "entes colectivos también puedan ser imputados por la comisión de crímenes internacionales y delitos transnacionales"[15].

Esta disparidad sobre si existe o no la responsabilidad penal de las personas jurídicas, es un intersticio donde la actividad delictiva pondera el ambiente para fortalecerse. Es uno de los flagelos resaltados en la sociedad del riesgo global, relacionada con las diferentes manifestaciones de la corrupción y su presencia, inclusive, dentro de estructuras empresariales concebidas para negocios legítimos con más una centuria de tradiciones. Nos explicamos. La integración de la criminalidad organizada al sistema económico global ha permeado en casi todas las instituciones y mecanismos por el cual materializa aquél sus beneficios. Siendo así, estamos en presencia de un problema complejo como para ser resuelto con una sistemática integral de la legislación punitiva nacional, meramente penal[16], como de

13 En efecto, la primera ley formal que contempló la responsabilidad de las personas jurídicas fue la *Ley de Prácticas Corruptas en el Extranjero* (*Foreign Corrupt Practices Act*), también conocida a nivel global como la FCPA, sancionada en 1977 con una reforma de 1998.

14 El *Convenio de la OCDE de lucha contra la Corrupción de agentes públicos extranjeros en las transacciones comerciales internacionales* es de 1997. Es el primer instrumento de alcance global que establece la responsabilidad de las personas jurídicas. Para más detalles, véase GOBIERNO DE ESPAÑA/MINISTERIO DE JUSTICIA, *Convenio de la OCDE de lucha contra la corrupción de agentes públicos extranjeros en las transacciones comerciales internacionales - Información para las empresas españolas con actividades en el extranjero.* Madrid, 2019.

15 AGUIRRE BATES, K. ... *La responsabilidad penal de las empresas ...* 2018, p. 41.

16 Es necesario recalcar que cualquier propuesta que sólo enfoque el éxito de la erradicación de los acuerdos corruptos bajo el Derecho pe-

suyo expuso la CORTE INTERAMERICANA DE LOS DERECHOS HUMANOS en su sentencia *López Mendoza vs. Venezuela*. Es necesario incorporar todas las disciplinas y ciencias que confluyen en la actividad empresarial, la administración y el comportamiento organizacional.

Como hemos expuesto a lo largo de estos años en varias de nuestras publicaciones y estudios, toda la actividad ilícita organizada, y más propiamente, la corrupción, es una *lacra*[17]. Es indiscutible la afirmación, pues, no sólo afecta y se asocia al mal funcionamiento de las administraciones públicas[18], sino, que se ha convertido en uno de los más repugnantes ingenios notorios para generar y perpetrar la pobreza[19], así como importantes perjuicios económicos tanto para el propio entramado y confianza empresarial como para la economía20; a pesar que en ciertos estamentos poblacionales de América Latina, no se asocia a la conculcación de los derechos fundamen-

---

nal, pudiera más bien recalar los elevados propósitos de reconfiguración ética de la sociedad. En la mayoría de los casos, las políticas punitivas exclusivistas están envueltas para la manipulación coyuntural y demagógica del Derecho penal. Para más detalles, véase SALAS, D. *La volunté de punir. Essai sur le populisme penal,* París, 2005, Hachette.

17 FERNÁNDEZ AJENJO, J.A. "Problemas y soluciones frente al uso populista del estado de Derecho: Agencias anticorrupción y servicios de coordinación antifraude", *Revista Internacional Transparencia e Integridad,* N° 9, enero-abril, 2019, p. 1. USLANER, E. M. "Confianza y corrupción: sus repercusiones en la pobreza". En: *Capital social y reducción de la pobreza en América Latina y el Caribe: en busca de un nuevo paradigma,* Santiago de Chile, 2003, CEPAL, p. 229.

18 SALINAS JIMÉNEZ M. DEL MAR y SALINAS JIMÉNEZ, J. "Corrupción y actividad económica: una visión panorámica", *Hacienda Pública Española/Revista de Economía Pública,* N° 180, 2007, p. 110.

19 USLANER, E.M. *Confianza y corrupción...*, 2003, p. 231-232.

20 BLANCO CORDERO, I. ... *La responsabilidad penal* ... 2020, p. 5.

tales[21]. Basta con verificar los índices internacionales más reputados de percepción sobre corrupción (*Corruption perceptions index*)[22] o fuentes de soborno (*Bribe payers index*)[23] y compararlos con el rendimiento económico de los países con la calificación más baja para comprobar una relación directa entre el enquistamiento corrupto, el

---

21 PIOVESAN, F.; DIAS RODRIGUES, A.; OLMOS, E.A.; FERNÁNDEZ DE LIMA LIRA, L. y MESQUITA NUNES, T. "La corrupción y los derechos humanos en Brasil", TABLANTE, C. y MORALES ANTONIAZZI, M. (Edit.) *El impacto de la corrupción en los derechos humanos,* México, 2018, Instituto de Estudios Constitucionales del Estado de Querétaro, p. 85.

22 El *Corruption perceptions index* (índice de percepción de la corrupción), es un documento elaborado anualmente por la ONG *International Transparency* a los efectos de aglutinar indicadores objetivos sobre incidencia de la corrupción país por país. En el informe correspondiente al 2019 (CPI 2019), observamos que los países calificados como de mayor corrupción en el ranking (Libia, Corea del Norte, Afganistán, Guinea Ecuatorial, Sudán, Venezuela, Yemen, Siria, Sudán del Sur y Somalia), existe un muy mal desempeño económico. Nosotros queremos hacer referencia a nuestro país, Venezuela. De forma gráfica descendió de la casilla N° 168 (2018) hasta la N° 176 (2019), sitiándonos como una de las naciones más corruptas del planeta. Véase www.transparency.org/cpi. Para el caso venezolano, véase Transparencia Internacional, Capítulo Venezuela https://transparencia.org.ve/venezuela-es-el-pais-mas-corrupto-en-america-y-el-caribe-segun-el-indice-de-percepcion-de-la-corrupcion-2019/

23 El *Bribe payers index (BPI)* era un informe elaborado por la ONG Transparencia Internacional donde reflejaban hasta dónde podían las empresas privadas participar en actividades relativas al soborno y cohecho. Este índice comenzó a publicarse en 1999, siendo el último, el correspondiente al año 2011. Para más detalles, véase https:/ /www.transparency.org/en/search?query=briber+payers+index

defecto de organización y el pobre desempeño de las economías, niveles de crecimiento y eficiencia del Estado[24].

Lo que preocupa ahora a los Estados no es tanto las magnitudes de la corrupción en su sentido tradicional -ya de por sí escandalosa-, pues, si bien es cierto ésta genera anualmente -según el Banco Mundial- el equivalente al 5% del PIB global (unos 3,5 billones de dólares)[25]; la gravedad es el compromiso del sistema económico y sus actores dentro de las más sofisticadas tramas corruptas, las cuales, puede pasar desapercibidas para los sistemas de control interno o externo de las administraciones públicas. Es por ello, como apunta FERNÁNDEZ AJENJO[26], que el orden del control de la corrupción pública se ha subvertido en razón de su lógica, pues, el *clásico modelo de las democracias liberales ha naufragado ante las cada vez más sutiles formas de los acuerdos corruptos en la sociedad del riesgo.*

Esto pone sobre el tapete el tantas veces analizado control popular o control ejercido por la sociedad civil sobre las administraciones públicas, que más allá de estudiarlo como una manifestación del *soft-law* administrativo[27], deviene en una nueva praxis privilegiada -y presuntamente efectiva- donde los particulares ejercen actividades

---

24 FERNÁNDEZ DÍAZ, A. "Nuevas aportaciones a la economía de la corrupción", *Revista española de control externo,* Vol. 12, N° 36, 2010, p. 151.

25 FERNÁNDEZ DÍAZ, A. ... *Nuevas aportaciones,* 2010, p. 150.

26 FERNÁNDEZ AJENJO, J.A. *Tema 1. Compliance, medidas antifraude y evaluación de riesgo en el sector público,* Salamanca, 2020, Apuntes del Módulo VIII, Parte III del programa Máster On line Iberoamericano en Compliance, p. 4.

27 Al respecto, véase SARMIENTO, D. *El Soft Law administrativo. Un estudio de los efectos jurídicos de las normas no vinculantes de la Administración,* Madrid, 2008, Ediciones Thomson-Civitas. CAMPANELLI ESPÍNDOLA, M.J. "El derecho administrativo tradicional en el Estado posmoderno. Globalización, buena administración y supranacionalidad (el caso OCDE-Colombia)", *Revista Digital de Derecho Administrativo,* N° 21, 2019, p. 201-219.

contraloras mas eficientes y eficaces sobre el Estado, que los propios órganos internos especializados para tal cometido. La doctrina especializada califica estos procesos como *accountability* y la buena gobernanza donde no se atiende tanto a la estructura vertical del poder, sino a su funcionamiento horizontal interinstitucional[28]. Tal ha sido el impacto de este nuevo protagonismo que los más resaltantes tratados internacionales contra la corrupción, como es la emblemática CONVENCIÓN DE LAS NACIONES UNIDAS CONTRA LA CORRUPCIÓN (UNCAC 2003)[29], trae consigo cláusulas especializadas que privilegian estos controles populares[30], más priorizados en la prevención que en la represión[31].

---

28 FERNÁNDEZ-AJENJO, J.A. "El control interno y el control externo en la lucha contra la corrupción: su nuevo papel en el entorno de la gobernanza y la *accountability*", *Cuenta con IGAE,* N° 27, diciembre 2011, p. 9.

29 En España fue ratificada la Convención según Ley 12434/2003, publicado en el Boletín Oficial de Estado (BOE) en fecha 19 de julio de 2006. En Venezuela, su adaptación al Derecho interno operó con la sanción y promulgación de la Ley Aprobatoria de la Convención de las Naciones Unidas contra la Corrupción, publicada en la Gaceta Oficial de la República Bolivariana de Venezuela (G.O.), N° 38.192 de fecha 23 de mayo de 2005.

30 "(...) **Artículo 13** ***Participación de la sociedad***

1. Cada Estado Parte adoptará medidas adecuadas, dentro de los medios de que disponga y de conformidad con los principios fundamentales de su derecho interno, para fomentar la participación activa de personas y grupos que no pertenezcan al sector público, como la sociedad civil, las organizaciones no gubernamentales y las organizaciones con base en la comunidad, en la prevención y la lucha contra la corrupción, y para sensibilizar a la opinión pública con respecto a la existencia, las causas y la gravedad de la corrupción, así como a la amenaza que ésta representa. Esa participación debería reforzarse con medidas como las siguientes:

a) Aumentar la transparencia y promover la contribución de la ciudadanía a los procesos de adopción de decisiones;

Ahora bien, más allá de esta realidad, los controles elaborados y coadyuvados por los particulares dentro del contexto del *compliance*[32], no pueden concebirse desde una libertad ilimitada o privilegio indiscriminado para sustraerse así como así de las responsabilidades como personas jurídicas que se vinculan a las administraciones. Mucho menos deben cristalizarse como una "panacea" sustitutoria de las funciones contraloras que la Constitución y las leyes le atribuyen a los órganos especializados dentro del Poder Ejecutivo, o en otras arquitecturas constitucionales, a ramas autónomas del Poder Público. Tampoco, podemos centrarnos en la visión reaccionaria de estatización absoluta de la lucha contra el fraude y la corrupción desde la óptica del control fiscal. Esta batalla debe analizarse y operar en

---

b) Garantizar el acceso eficaz del público a la información;

c) Realizar actividades de información pública para fomentar la intransigencia con la corrupción, así como programas de educación pública, incluidos programas escolares y universitarios;

d) Respetar, promover y proteger la libertad de buscar, recibir, publicar y difundir información relativa a la corrupción. Esa libertad podrá estar sujeta a ciertas restricciones, que deberán estar expresamente fijadas por la ley y ser necesarias para:

i) Garantizar el respeto de los derechos o la reputación de terceros;

ii) Salvaguardar la seguridad nacional, el orden público o la salud o la moral públicas. (...)".

31 FERNÁNDEZ AJENJO, J.A. "Problemas y soluciones frente al uso populista del Estado de Derecho: agencias anticorrupción y servicios de coordinación antifraude. Comunicación Sección 1 Estado de Derecho: Defensa frente al populismo y la corrupción", *Memorias del X Congreso de las Academias Jurídicas de Iberoamérica,* 2018, p. 6.

32 Queremos hacer referencia en este contexto, aquellos mecanismos, sistemas y fórmulas adoptadas por las sociedades mercantiles privadas para prevenir fraude. Por muy actualizadas o eficientes que puedan haber sido creadas -e inclusive férreamente aplicadas- en ningún momento pueden sustituir en su totalidad a los sistemas de control interno de las administraciones públicas.

múltiples niveles que se distribuyen entre los instrumentos normativos estatales[33], construcción pactada de instrumentos y procedimientos contralores con la sociedad civil (*soft-law*) organización administrativa, contralora, procedimientos, interdisciplinariedad y hasta a nivel conceptual con la inclusión de un lenguaje tecno-especializado para su descripción[34].

Esta nueva forma global de combate es la conclusión del cambio de enfoque operado en los años 90 del siglo pasado, cuando se dejó de concebir a la corrupción como un problema sociológico para asumirlo como una aporía organizacional. Al ser entonces un problema de funcionamiento estructural y no ontológico, se abrieron compases y líneas de estudio que eran impensables antes de la última década del siglo XX, inclusive, reconociendo paradojas prove-

33 Se hace referencia al marco legal de cada país al respecto. En el caso venezolano, relacionado al tema de la corrupción, no sólo existe la Ley Aprobatoria de la Convención de la ONU (UNCAC 2003), sino también, la Ley Contra la Corrupción (G.O. Extraordinario Nº 5.637 de fecha 07 de abril de 2003) y la Ley Orgánica Contra la Delincuencia Organizada y Financiamiento al Terrorismo (G.O. Nº 39.912 de fecha 30 de abril de 2012). En 2017 se aprobó hasta su segunda discusión la Ley de Recuperación de Activos Producto de la Corrupción, en la cual, se contempla conceptualmente la colaboración y participación popular en el control de riesgos y otras actividades sobre las diferentes administraciones públicas. Dicho proyecto de ley no pudo ser promulgado debido al enfrentamiento que durante el quinquenio 2016-2021 mantuvo el Presidente Nicolás Maduro con el Parlamento Nacional legítimamente electo en 2015.

34 Véase BARQUÍN SANZ, J. "Lenguaje y derecho: nota sobre el uso del idioma por los penalistas", *Revista de Derecho, Empresa y Sociedad (REDS),* Nº 13, 2018, pp. 106-121. También, véase TRANSPARENCY INTERNATIONAL. *Guía de lenguaje claro sobre lucha contra la corrupción.* 2009, puede consultarse la edición en español en: https://transparencia.org.es/wp-content/uploads/2014/10/Gu%C3%ADa-de-lenguaje-claro-sobre-lucha-contra-la-corrupción.pdf

chosas[35] para optimizar las políticas anticorrupción dentro de sistemas donde la ausencia de integridad es su signo característico.

Ahora bien, estos cambios también nos obligan a replantear estratégicamente instituciones presentes en el sistema jurídico - nacional e internacional- donde no sólo remarquen la capacidad efectiva de prevenir el fraude y la corrupción, sino que también, comprometan a los actores que en cierto grado pueden ser susceptibles de ser corruptores o corruptos, pues, como expresa VON LISZT - citado por BLANCO CORDERO[36]- "quien puede celebrar contratos, también, puede celebrar contratos fraudulentos". Este compromiso no puede ser "ilimitado" sino que debe estar sometido a un procedimiento de conformación por el Poder Público para así evitar dar una sensación que, si te arrepientes de haber sido corrupto o corruptor, "te perdonan a secas".

Vista entonces esta realidad, una de las instituciones novísimas en la lucha contra la corrupción -y coadyuvante en la prevención de la misma, aunque suene paradójico- está relacionada con los llamados "Acuerdos de Lenidad", traducción original de lo que en lengua portuguesa se califica como *Acordos de leniência*. Su concreción normativa -y casi en exclusividad- es originaria de Brasil dentro de la legislación anticorrupción, mejor conocida como *The Brasilean Clean Company Act*[37]. Son concebidos en el marco de la propia ad-

35 RODRÍGUEZ GARCÍA, N. y MACHADO DE SOUZA, R. "El 'Acuerdo de lenidad' como mecanismo privilegiado para combatir y prevenir actos de corrupción en Brasil", *Compliance, represión y recuperación de activos,* RODRÍGUEZ GARCÍA N., GONZÁLEZ-CASTELL, A.C. y RODRÍGUEZ-LÓPEZ, F. (Edit.), Valencia, 2019, Tirant Lo Blanch, p. 296.

36 BLANCO CORDERO, I. ... *La responsabilidad penal* ... 2020, p. 5.

37 Ley 12.846/2013 *Lei Anticorrupçâo* (Ley Anticorrupción de Brasil o también denominada *The Brasilian Clean Company Act*), publicada en el Diário Oficial da União (D.O.U.) de fecha 1 de agosto de 2013. Aunque su concepción originaria se remonta a la propia legislación antimonopolio de Brasil (Ley 8.884 de 1994), no será hasta la creación de esta ley cuando se coloque en el radar estos acuerdos. Véase

ministración pública y sólo limitada hacia esta esfera, aunque ha sido ampliada como en efecto lo abordaremos en la segunda parte del presente libro. Ya no es el mero acuerdo para obtener eximentes de responsabilidad, como si fuera una mera extensión de un mal concebido Derecho premial, sino que su conocimiento ha asumido dimensiones continentales por los resultados a la vista tras la operación *Lava jato*[38], que analizaremos con detenimiento en las páginas sucesivas.

Sin embargo, lo que en sus orígenes era una institución "*sui generis*" con limitaciones evidentes, de reducido espectro y circunscritas a lo que NICOLÁS RODRÍGUEZ GARCÍA y RENATO MACHADO DE SOUZA definen como "concesiones mutuas entre el Estado y la persona jurídica responsable"[39]; ha sufrido una redimensión "insurgente" por las magnitudes transfronterizas del celebérrimo caso *Odebrecht* (vinculación directa con operación *Lava Jato*)[40] hasta el pun-

---

FRIDRICZEWSKI, V. *Guión para estudio,* Salamanca, 2020, Apuntes del Módulo XII (Compliance Corporativo y lenidad) del programa Máster On line Iberoamericano en Compliance, p. 7.

38 Como indica VANIR FRIDRICZEWSKI. "Acuerdos de lenidad en Brasil: una herramienta eficaz para la recuperación de activos de la corrupción", *Compliance y justicia colaborativa en la prevención de la corrupción,* RODRÍGUEZ-GARCÍA, N. y RODRÍGUEZ-LÓPEZ, F. (Dir.), Valencia, 2020, Tirant lo Blanch, p. 89 "(...) Quizá la operación Lava Jato sea la gran responsable por algunos cambios institucionales, legales y en la opinión pública con respecto al tema y, por tanto, *es posible que sea el motor de estas discusiones y de este nuevo escenario de cambios en Brasil* (...)" (cursivas nuestras).

39 RODRÍGUEZ GARCÍA, N. y MACHADO DE SOUZA, R. ... El 'Acuerdo de lenidad'... 2019, p. 340.

40 Al respecto, sobre la Operación *Lava Jato* y su descripción, véase PONT VIDAL, J. "La operación 'Lava Jato' y el proceso político en Brasil ¿Lucha contra la corrupción o interferencias sistémicas?, *Revista Mexicana de Análisis Político y Administración Pública,* Vol. 9, N° 1, 2020, p. 41-53. JOPPERT RAGAZZO, C.E. "Compliance concurrencial: relação de custos e benefícios pós Lava-jato", *Quaestio Iuris,* Vol.

to que su reconocimiento y asimilación se ha proyectado sobre los Ministerios Públicos Fiscales de Latinoamérica[41], donde estos acuerdos ni siquiera se han planteado para su revisión por la dogmá-

---

11, Nº 2, 2018, p. 1142-1171. GONZÁLEZ DA SILVA, G. "Consideraciones sobre la operación 'lava jato': régimen legal del arrepentido, prisión preventiva e 'impeachment' en el Brasil", *Revista de derecho Penal y Criminología,* Nº 5, 2016, p. 201-213. DOS SANTOS GONÇALVES, L.C., "El Ministerio Público Brasileño y el combate a la corrupción", *Revista de la Facultad de Derecho de México,* Vol. 68, Nº 272, 2018, p. 307-324. VIERA DA SILVA, A. y MÉRIDA, C. "Provas obtidas por cooperação internacional no combate às organizações criminosas: procedimiento, formas e a receptividade no processo penal brasileiro", *Cadernos de dereito actual,* Nº 10, 2018, p. 223-244. Una línea cronológica detallada de la operación la describe "5 anos de Lava jato. As informações que constam desta página são referentes ao período de 5 anos de operação", en *Globo.com,* edición de fecha 4 de septiembre de 2015, actualizada hasta el 7 de enero de 2019 [Consulta: 21 de marzo de 2021] [en: http://especiais.g1.globo.com/ politica/2015/lava-jato/linha-do-tempo-da-lava-jato/]

41 Véase DECLARACIÓN DE BRASILIA SOBRE LA COOPERACIÓN JURÍDICA INTERNACIONAL CONTRA LA CORRUPCIÓN, Brasilia, 16 de febrero de 2017. Puede leerse en los considerandos cuarto, quinto y noveno lo siguiente: "(...) CONSIDERANDO que el Ministerio Público Federal brasileño firmó *dos acuerdos de lenidad* con las empresas Odebrecht y Braskem y firmó acuerdos de colaboración premiada con 78 personas relacionadas con estas compañías, para ampliar el ámbito de la investigación y atender los intereses públicos; CONSIDERANDO que los *acuerdos de lenidad y los acuerdos de colaboración premiada están sujetos al deber de confidencialidad,* conforme a la legislación brasileña y las cláusulas contractuales allí incluidas (...) CONSIDERANDO el interés que reiteradamente ha sido manifestado por los Ministerios Públicos y Fiscalías presentes a fin de obtener con la mayor rapidez informaciones y pruebas que permitan profundizar las investigaciones en sus jurisdicciones, *especialmente aquellas contenidas en los acuerdos de lenidad y colaboración arriba referidos* (...)" (cursivas nuestras). Puede consultarse en: https://www.fiscalia.gov.co/Colombia /wp-content/uploads/Acuerdo_Brasil.pdf

tica administrativa o penal. En fin, es uno de los pocos casos donde un continente entero deja a un lado las porfías soberanistas para trabajar y reconocer en común los aportes de dichos acuerdos precisados desde los orígenes en el Derecho administrativo del Brasil.

Sin adentrarnos sobre las polémicas[42] que envuelven estos *Acordos de leniência*, buscamos en el presente ensayo, analizar esta institución no solo en cuanto a su descripción, funcionalidad, naturaleza y alcances, sino, la potencial capacidad para formular correcciones dentro de lo que se conoce como "el ciclo del fraude"[43] en la

42 Al respecto, véase la nota "Odebrecht colaborará con Perú en escándalo de corrupción", *Diario El Espectador,* Bogotá, edición de 6 de diciembre de 2018, [Consulta: 25 de febrero de 2021] [en: https://www.elespectador.com/noticias/el-mundo/odebrecht-colabora-ra-con-peru-en-escandalo-de-corrupcion/] También, véase PUCHETA, HORACIO. "Acuerdos trabaron investigaciones en la operación Lava Jato" [Consulta: 27 de febrero de 2021] [en: http://www. mercosurradio. com.ar/joomla/index.php?option=com_content&view=article&id=16001:mercosur-politica&catid=1:latest-news&Itemid=50] Véase también "OAS expresa preocupación por la seguridad jurídica de los acuerdos con fiscalía", en: *Diario El Comercio,* Lima, edición de 20 de marzo de 2019 [Consulta: 17 de enero 2020] [en: https:// elcomercio.pe/politica/oas-confirma-intencion-acogerse-cola-boracion-eficaz-noticia-nndc-618300-noticia/]

43 El denominado "ciclo del fraude", como explica FERNÁNDEZ AJENJO, J.A. ... *Tema 1. Compliance, medidas antifraude* ... 2020, p. 7-11, es "(...) El sistema de control interno exigido por la Unión Europea se articula en base al llamado ciclo del fraude que incluye la prevención, detección, investigación y corrección con el que se espera reducir el riesgo de fraude a límites aceptables por la organización, puesto que hay que recordar que el riesgo cero es una meta inalcanzable. (...)" (subrayado nuestro). En la etapa de prevención, deberá concebirse una *política antifraude* y un *sistema de control interno.* Con la detección, se elaboran *indicadores de fraude,* se implementan *Mecanismos de notificación de debilidades de control* y los *canales de denuncia institucional.* En las investigaciones es fundamental que se adopte con todas las formalidades una *investigación administrativa* que además

estructura de la delincuencia económica 2.0[44] y su proyección hacia países donde no están contemplados en sus legislaciones. No existe mejor lección que aquella proveniente del rédito exclusivo de la experiencia por sobre cualquier especulación teórica, y los *Acuerdos de Lenidad*, son no sólo un espacio negociado[45] para obtener pruebas e información, sino también, una lección preceptiva sobre todo que debe mejorar dentro de las investigaciones antifraude en el in-

---

cuente con la debida *coordinación institucional.* Y, finalmente, en la fase de corrección es necesario adoptar medidas como la *recuperación de los importes recibidos,* la interposición de las correspondientes *acciones penales o disciplinarias*, según sea el caso, y *el feed-back de los procedimientos.*

44 La criminalidad 2.0, es en esencia criminalidad económica en su núcleo duro previsto por los diferentes tratados y convenciones internacionales, con el único agregado que para su tecnificación, se ha sumado las virtudes propias de las nuevas tecnologías (robótica e Inteligencia artificial), logrando fusionarse hasta tal punto con el sistema económico global (también virtualizado) que sólo una exhaustiva revisión y aplicación de los instrumentos previstos en los sistemas de gestión de riesgos, pudieran arrojar que en efecto está operando cualquier forma de esta criminalidad. Además, como empresa criminal, han concebido garantías para sus prácticas, creando el concepto de "ransomware", el cual, es un ciberataque de mayor escala para aquellas empresas que se nieguen a pagar sus exigencias económicas, o bien, decidan no participar en prácticas corruptas. En lo que va de 2021, ya son más de 100 ciberataques cuyos daños globales, estimados, ya llegan a los 4000 millones de dólares. Sobre el particular, véase, M. *Ilícito: cómo el contrabando, los narcotraficantes y la piratería desafían la economía global.* Madrid, 2006, Editorial Debate. También, véase NAÍM, M. "¿Qué son los ciberataques Ransomware y por qué están en auge?, Video de YouTube, 22:02, Canal: *EfectoNaím* Publicado el 12 de septiembre de 2021 https://www.youtube.com/watch?v=AIAnN_YRsBg

45 Véase LUIZ DE ALMEIDA MENDOÇA, A., ESTELLA NAGLE, L. y RODRÍGUEZ-GARCÍA, N. *Negociación en casos de corrupción: Fundamentos teóricos y prácticos,* Valencia, 2018, Tirant Lo Blanch.

franqueable mundo de la codicia[46]. De allí su importancia para el enfoque del presente libro.

Por ejemplo, imaginémonos que una sociedad mercantil se encuentra incursa en una investigación de naturaleza punitiva en una segunda nación. Dicha empresa domiciliada en otro país donde por motivos similares ha sido juzgada, pero, logró suscribir un acuerdo de lenidad con el Estado, obteniendo una sustancial reducción de la sanción que debía recibir. Ahora bien, por hechos conexos, otra filial de la misma compañía se encuentra preparando en un tercer país diferente, su correspondiente programa de *compliance* para evitar que en esta tercera nación se le procese a futuro. Los acuerdos de lenidad suscritos en el país originario contemplan un procedimiento, por ejemplo, para obtener información sobre sus datos en los servidores informáticos de la matriz, o bien, políticas para una mejor *accountability*. Procedimiento éste que en la tercera nación donde su filial se encuentra trabajando sus planes antifraude, no han sido todavía tomados en cuenta, pero, que son una fuente indiscutible para preparar el marco de *compliance*.

En este caso no hay duda que el acuerdo de lenidad original puede suministrar insumos sobre cómo debería establecerse ciertos procedimientos de verificación de datos y de esta forma, elaborar el nunca acabado programa de *compliance*, ya que, éste último, debe ser dinámico, revisable, evolutivo y mutable, pues de lo contrario, se

---

46 En este sentido es importante destacar lo afirmado por el entonces Presidente del Banco Mundial, JIM YONG KIM, al describir el evidente robo de los sectores económicos más acomodados de la sociedad frente a los más pobres, lubricados precisamente por la banda transportadora que es la corrupción. Al aumentar los costos de administración en las empresas y a su vez desalienta inversiones extranjeras productivas, el entramado empresarial recurre a formas también nada transparentes para continuar produciendo ganancias dentro del ramo económico donde opera. Para más detalles, véase http://www chequeado com/ultimas-noticias/1715-carrio-qla-corrupcion-es-la-madre-de-la-pobrezaq html

hablaría sólo de un *compliance* cosmético o *paper compliance*[47], sino en lo que ONTIVEROS ALONSO denomina "*non compliance*"[48], situación más deleznable porque por partida doble se comete fraude.

Es por ello que el libro busca incardinarse dentro del nuevo universo lingüístico contra la corrupción que afecta directamente los conceptos tradicionales no sólo de la dogmática penal, sino también del significado de instituciones procesales tradicionales relativas a la delación premiada y otras formas propias permitidas por el principio de oportunidad procesal que ha traído debates acalorados a nivel de doctrina[49]. En un principio, pudiera identificarse al *Acuerdo de lenidad* dentro de estas figuras tradicionales de colaboración procesal. Sin embargo, un estudio más pormenorizado arroja otros resultados que nítidamente establecen una separación epistemológica con la delación premiada, la cooperación efectiva, la conformidad, los acuerdos reparatorios, etc., todas, vinculadas al citado principio procesal, cónsono con las tendencias de incorporar más activamente al agente responsable de la conducta criminal.

---

47 Véase SÁNCHEZ-MACÍAS, J.I. *Introducción al compliance y a los modelos de Gobierno, Riesgo y Cumplimiento (GRC),* Salamanca, 2020, Apuntes del Módulo II, Parte I del programa Máster On line Iberoamericano en Compliance, p. 4.

48 El *noncompliance*, como apunta ONTIVEROS ALONSO es el "(...) hecho de no cumplir con lo debido, sino también el intento de simular que se cumple, lo que en ocasiones puede ser más grave que el incumplimiento mismo (...)" Véase ONTIVEROS ALONSO, M. "Noncompliance", en: RODRÍGUEZ-GARCÍA, N. y RODRÍGUEZ-LÓPEZ, F. (Dir.). *Compliance y justicia colaborativa en la prevención de la corrupción,* Valencia, 2020, Tirant Lo Blanch, p. 14-15.

49 Véase QUINTERO OLIVARES, G. "La llamada privatización del derecho penal", *Revista de derecho y proceso penal,* N° 6, 2001, p. 13-21. RODRÍGUEZ-GARCÍA, N. "Uso y abuso del principio de oportunidad en el proceso penal del siglo XXI", *Política criminal ante el reto de la delincuencia transnacional,* PÉREZ CEPEDA, A.I. (Dir.), Valencia, 2016, Universidad de Salamanca-Tirant lo Blanch, p. 4-29.

Como hemos titulado nuestro ensayo "*Los Acuerdos de Lenidad en la lucha contra la corrupción*"; inquirimos describir su operatividad en Brasil y su proyección hacia Latinoamérica como otra de las instituciones originales de nuestro continente, aceptadas por la comunidad internacional en los diferentes tratados -resaltando la UNCAC- tan igual como la extinción de dominio que hicimos mención al inicio de este introito. De igual manera, revisaremos los obstáculos de naturaleza dogmático-constitucional que han sido argumentados para evitar su cristalización, en el marco de procesos como la expansión del Derecho penal[50].

El Acuerdo de Lenidad es una institución de corta data en nuestra legislación penal y administrativa latinoamericana, que sufrió una transformación monumental con la mega operación contra la criminalidad organizada conocida como *Lava Jato*, siendo así, uno de los emblemas del nuevo marco global de lucha contra la corrupción donde más que penalizar severamente esta lacra con penas privativas de libertad, o destruir una compañía de construcción de obras reconocidas (ODEBRECHT); se conciben y confeccionan instrumentos eficaces de lucha donde el coste esperado por el corrupto sea mayor que las ganancias racionalmente previstas[51]. Debemos también indicar que, si no fuera por las nuevas tendencias que incluyen a las personas jurídicas como sujetos responsables, de nada serviría abordar dichos acuerdos.

La CONVENCIÓN DE LAS NACIONES UNIDAS CONTRA LA CORRUPCIÓN contempla -a nuestro juicio- dos dispositivos que facilitarían aquellas naciones co-suscribientes del mismo, la efectividad en el reconocimiento de los Acuerdos de Lenidad. Veamos:

---

[50] Véase al respecto, SILVA SÁNCHEZ, J.M. *La expansión del Derecho penal. Aspectos de la Política criminal en las sociedades postindustriales,* Buenos Aires, 2011, Euro Editores, pp. 10-208.

[51] MARCH POQUET, J.M. "Economía Pública y corrupción. Una ordenación de las propuestas anticorrupción", *Revista de Economía Pública, Social y Cooperativa,* N° 91, 2017, pp. 272.

"(...) Artículo 26. Responsabilidad de las personas jurídicas.

1. Cada Estado Parte adoptará las medidas que sean necesarias, en consonancia con sus principios jurídicos, a fin de establecer la responsabilidad de personas jurídicas por su participación en delitos tipificados con arreglo a la presente Convención.

2. Con sujeción a los principios jurídicos del Estado Parte, la responsabilidad de las personas jurídicas podrá ser de índole penal, civil o administrativa.

3. Dicha responsabilidad existirá sin perjuicio de la responsabilidad penal que incumba a las personas naturales que hayan cometido los delitos.

4. Cada Estado Parte velará en particular por que se impongan sanciones penales o no penales eficaces, proporcionadas y disuasivas, incluidas sanciones monetarias, a las personas jurídicas consideradas responsables con arreglo al presente artículo (subrayado nuestro) (...)"

La UNCAC recoge la propuesta que en doctrina se ha hecho presente desde principios de los años 90 del siglo XX, sobre el amplio espectro de la responsabilidad de las personas jurídicas, lo que recalca, que puede ser de diferente tipología y no solo penal en relación o conexidad con delitos de corrupción. Esto abre las puertas, en términos de la propia UNCAC, para imponer sanciones penales. Ahora bien, si las personas jurídicas pueden ser objeto de sanciones, procesalmente, ¿pudiera establecerse exenciones y/o reducción a las mismas?

Prosiguiendo con la UNCAC, ésta colige la opción cuando propugna:

"(...) Artículo 37. Cooperación con las autoridades encargadas de hacer cumplir la ley.

1. Cada Estado Parte adoptará las medidas apropiadas para alentar a las personas que participen o hayan participado en la comisión de delitos tipificados con arreglo a la presente Convención a que proporcionen a las autoridades competentes información útil con fines investigativos y probatorios y a que les presten ayuda efectiva y concreta que pueda contribuir a privar a los delincuentes del producto del delito, así como a recuperar ese producto.

2. Cada Estado Parte considerará la posibilidad de prever, en casos apropiados, la mitigación de la pena de toda persona acusada que preste cooperación sustancial en la investigación o el enjuiciamiento de los delitos tipificados con arreglo a la presente Convención.

(...) *Omisis* (...)

5. Cuando las personas mencionadas en párrafo 1 del presente artículo se encuentren en un Estado Parte y puedan prestar cooperación sustancial a las autoridades competentes de otro Estado Parte, los Estados Parte interesados podrán considerar la posibilidad de celebrar acuerdos o arreglos, de conformidad con su derecho, interno, con respecto a la eventual concesión, por el otro Estado Parte, del trato previsto en los párrafos 2 y 3 del presente artículo (subrayado nuestro) (...)"

El texto del tratado da un vuelco al tradicional Derecho penal, y por sobre todo, conmina a la adopción de nuevos instrumentos que puedan ser reconocidos dentro del principio de oportunidad procesal de cada Estado Parte, cuando expresa y literalmente concibe "*para alentar a las personas que participen o hayan participado en la comisión de delitos tipificados con arreglo a la presente Convención a que proporcionen a las autoridades competentes información útil con fines investigativos y probatorios.*" El Acuerdo de Lenidad viene a ser una de estas formas de colaboración, pues su finalidad, es para "prevenir futuros actos lesivos, así como reparar eventuales daños"[52].

La CONVENCIÓN DE PALERMO SOBRE DELINCUENCIA ORGANIZADA[53], contempla también en su artículo 26.2, una fórmula muy parecida a la indicada en los párrafos anteriores cuando explicamos lo concebido en UNCAC.

Ahora bien, nos hacemos la presente pregunta de investigación: ¿podríamos aceptar introducir reformas dentro de las legislaciones de países -como por ejemplo Venezuela-, tipificando el Acuerdo de Lenidad con el sólo aval de la Convención? ¿Sólo el hecho -como argumento *ad baculum*- de su aceptación como figura en un tratado adoptado por nuestros países podría considerarse fundamento válido? ¿Acaso no habría otras fundamentaciones teóricas que no colidan con los principios y garantías del Derecho penal y el Derecho procesal penal clásico, donde toda institución del Derecho administrativo no es lo suficientemente garantista como para sancionar la corrupción?

A simple vista luce sencillo aceptar en Venezuela, por ejemplo, los *Acuerdos de Lenidad* sólo fundamentado en un instrumento internacional referente de lucha contra la corrupción. Sin embargo, no ha operado de forma mecánica por la probable resistencia no sólo en el plano técnico-lingüístico[54], sino bajo los principios constitucionales que tradicionalmente se inhiben de transpolar la responsabilidad penal hacia la esfera de las personas jurídicas. Es por ello que el

---

52 RODRÍGUEZ GARCÍA, N. y MACHADO DE SOUZA, R. ... El 'Acuerdo de lenidad'... 2019, p. 341.

53 *Convención de Palermo de las Naciones Unidas contra la Delincuencia Organizada Transnacional,* de fecha 15 de noviembre de 2000.

54 Para más detalles sobre la resistencia lingüística y modificaciones en los conceptos jurídicos, véase RODRÍGUEZ AGUILERA, C. *El lenguaje jurídico,* Barcelona, 1969, Editorial Bosch. Sobre el lenguaje en materia de corrupción, también, MARCH POQUET, J.M. ... Economía Pública y corrupción... 2017, p. 275-277.

objeto del presente libro estriba en estudiar las principales manifestaciones de los *Acuerdos de Lenidad* y su fundamentación dentro del nuevo marco de estudio contra la corrupción, específicamente, como una forma de encarecimiento de los costos de corrupción y sus aportes probatorios para corregir los procesos preventivos contra el fraude corporativo y corrupción, más allá que la simple concreción de un nuevo tipo penal especial.

Desde que se abandonó la concepción sobre la corrupción como una especie de endemismo cultural u objeto de la sociología por el análisis económico[55]; las formas y tipos para combatirla se enmarcan como respuestas lógicas ante una patología esencialmente "racional" como es la corrupción[56]. Por ello, queremos explicar la racionalidad de los *Acuerdos de Lenidad*, dentro del marco del análisis económico inserto en el ciclo del fraude, como una herramienta adicional e indispensable para reducir al mínimo las ganancias esperadas por quienes incurren en prácticas corruptas. Recordemos que el valor intrínseco del *Acuerdo de Lenidad* no es sólo un arrepentimiento efectivo de la persona jurídica que ha delinquido, sino, el contenido probatorio de las investigaciones acordadas en dichos pactos que, a su vez sean coadyuvantes para concatenar los eventos ocurridos en desarrollo de los actos lesivos y evitar que vuelvan a repetirse[57].

---

55 SALINAS JIMÉNEZ M. DEL MAR y SALINAS JIMÉNEZ, J. ...Corrupción y actividad económica ..., 2007 p. 109.

56 BOEHM, F. y GRAF LAMBSDORFF, J. "Corrupción y anticorrupción: una perspectiva neo-institucional", *Revista de Economía Institucional,* Vol. II, N° 21, 2009, pp. 45-72.

57 RODRÍGUEZ GARCÍA, N. y MACHADO DE SOUZA, R. ... El 'Acuerdo de lenidad'... 2019, p. 350. Indica VANIR FRIDRICZEWSKI. "Acuerdos de lenidad en Brasil" ... 2020, p. 108, que de los 4000 millones de dólares americanos totales vinculados a la operación Lava Jato, gracias a los aportes probatorios de los Acuerdos de Lenidad, han sido recuperados (hasta marzo de 2020), un total de 900 millones de dólares a favor del Estado y de los entes públicos lesionados por corrupción. Para más de-

De esta forma, hemos organizado el presente libro en dos partes cuyo diseño metodológico -espina de pez- responde al método dogmático y comparativo, específicamente, de las legislaciones sobre la materia en Brasil y el resto de Latinoamérica, haciendo alguna revisión de dispositivos normativos análogos del sistema angloamericano como ocurre con el *Deferred Prosecution Agreement* (DPA) o los *Non-Prosecution Agreement* (NPA)[58].

La primera parte está referida al fundamento de los cambios producidos por la globalización, la sociedad del riesgo, el *compliance* como contexto de modificación de los principios de responsabilidad y proceso penal tradicional. Dentro de este punto nos preguntamos, ¿puede el *compliance* fundamentar mecanismos de investigación privada en un proceso penal público para establecer la exención de la responsabilidad penal de las personas jurídicas? Toda esta actividad supranacional es consecuencia de la efectiva batalla contra los peligros que trae consigo la denominada sociedad del riesgo global, donde nuevos bienes jurídicos y la revalorización de otros tradicionales, exigen una respuesta más contundente y protectoria del Derecho penal[59].

---

talles, también, véase FRIDRICZEWSKI, V. "Represión de la corrupción y recuperación de activos en Brasil: dilemas y retos", BERDUGO GÓMEZ DE LA TORRE, I.; FABIÁN CAPARRÓS, E.A. y RODRÍGUEZ-GARCÍA, N. (Dir.), *Recuperación de activos y decomiso: reflexiones desde los sistemas penales iberoamericanos,* Valencia, 2017, Tirant lo Blanch.

58 Al respecto, véase TURIENZO FERNÁNDEZ, A. "¿Oportunidad procesal en las causas penales seguidas contra personas jurídicas? Una reflexión a la luz de la práctica de los NPAs y DPAs en Estados Unidos", *InDret,* N° 2, 2020, p. 508-557. También, véase ANITUA, G.I. "La importación de mecanismos consensuales del proceso estadounidense, en las reformas procesales latinoamericanas", *Revista Brasileira de Direito Processual Penal,* Vol. 1, N° 1, 2015, p. 43-65.

59 SILVA SÁNCHEZ, J.M. ... *La expansión del Derecho penal...* 2011, p. 11-13.

La segunda parte estudiaremos los pormenores de los *Acuerdos de Lenidad* como mecanismo de encarecimiento de los costos de la corrupción, -producto del Derecho administrativo brasilero- comenzando por explicar precisamente las razones por las cuales la corrupción como conducta racional, debe ser atacada con medidas tan igual o superior de racionales, previsualizando las conductas corruptas, inclusive, si ya se han cometido y son enjuiciadas como de suyo ocurre en la gestación y propuesta de los *Acuerdos de Lenidad*. Se estudiará así el *Acuerdo de Lenidad* en sus órdenes conceptuales, procesales, polémicos y su naturaleza jurídica diferenciada. También, en un contexto comparatista, dicho capítulo analizará otras equivalentes a los Acuerdos, como ocurre presuntamente en la española "conformidad" o la recurrente en América Latina: "delación premiada".

Como nota final introductoria, es relevante abordar este tema pues los vínculos académicos entre España y Venezuela en el área dogmática, ha sido de poca comunicación a pesar de la *notoriedad comunicacional de la corrupción en Venezuela*, potenciada en los últimos 20 años, donde la nación ibérica luce como un escenario para el destino final de quienes han sido sindicados de dicha corrupción. Esta "gran corrupción" que arrasó con los ingentes recursos fiscales provenientes de la explotación petrolera en los últimos veinte años, como lo denomina TRANSPARENCIA INTERNACIONAL, capítulo Venezuela[60], ha impactado sobre España, en múltiples aspectos, casos y polémicas, resaltando el último expediente sobre la aerolínea *Plus Ultra* y las ayudas económicas proveniente de los fondos europeos[61].

---

60 Véase TRANSPARENCIA VENEZUELA. *La Gran corrupción y los derechos humanos en Venezuela,* Caracas, 2018 [https://transparencia.org.ve/?s=gran+corrupcion].

61 Véase MUÑOZ, R. "La polémica de Plus Ultra: el Gobierno rescató a la aerolínea para asegurar los vuelos de los migrantes latinoamericanos", en: *Diario El País,* edición de fecha 16 de marzo de 2021 [Consulta: 17 de marzo de 2021] [en: https://elpais.com/economia/2021-

Consideramos que, en este último caso mediático, la llave para resolver la disputa será haber acogido o no la aerolínea un programa de *compliance*.

Urge que España aborde de una buena vez el desarrollo de buenas prácticas no sólo en los ámbitos de la corrupción y su cerco procesal-penal; sino, en lo referente a las instituciones "heterodoxas" como el *decomiso sin condena* o el acogimiento de los *Acuerdos de Lenidad* como sí ocurrió en toda América Latina tras el escándalo de ODEBRECHT[62].

Caracas, octubre de 2021.

03-15/el-gobierno-rescato-a-plus-ultra-por-sus-vuelos-baratos-para-migrantes-y-por-orden-cronologico.html]

62 Al respecto, véase MEGALE, B., MATTOSO, C.; WIZIACK, J; VALENTE, R. "Odebrecht pagou US $1 bi em propina em 12 países". En: *Folha de São Paulo,* Edición del 21 de diciembre de 2016, [En: <https://www1.folha.uol.com.br/poder/2016/12/1843417-odebrecht-pagou-us-788- milhoes-em-propinas-em-12-paises-dizem-eua.shtml>. Acceso el 22/08/2018]. También, véase JIMÉNEZ BARCA, A. "Qué es el 'caso Odebrecht' y cómo afecta a cada país de América Latina", en: *Diario El País,* Madrid, edición de 09 de febrero de 2017. [En: https://elpais.com/internacional/2017/02/08/actualidad/sudamerica/1486547703_321746/sdftdhrn_243 dfg45.html] [Consulta: 01 de septiembre de 2021].

PRIMERA PARTE:

GLOBALIZACIÓN, SOCIEDAD DE RIESGO Y COMPLIANCE COMO CONTEXTO DE MODIFICACIÓN DE LOS PRINCIPIOS DE RESPONSABILIDAD Y PROCESO PENAL TRADICIONAL

La institución del Acuerdo de Lenidad -*Acordos de Leniência* en portugués original- es de muy reciente data y limitada esfera geográfica, circunscrita en el Derecho administrativo Brasilero. Sin embargo, con las mayores paradojas, ha tenido un profundo impacto sobre la estructura procesal penal en Suramérica[1]. Originario de la legisla-

---

[1] Sobre los acuerdos de lenidad y sus impactos en el Derecho administrativo y penal de Brasil, véase ATHAYDE, A. *Manual dos acordos de leniência no Brasil: Teoria e práctica,* Belo Horizonte, 2019, Fórum. FRIDRICZEWSKI, V. "Represión en la corrupción y recuperación de activos en Brasil: dilemas y retos", *Recuperación de activos y decomiso: reflexiones desde los sistemas penales iberoamericanos,* BERDUGO GÓMEZ DE LA TORRE, I., FABIÁN CAPARRÓS, E.A. y RODRÍGUEZ-GARCÍA, N. (Dir.), Valencia, 2017, Tirant Lo Blanch. GOMEZ CANOTILHO, J.J. y BRANDÃO, N. "Colaboração premiada: reflexões críticas sobre os acordos fundantes da operação lava jato", *Revista brasileira de ciências criminais,* N° 133, 2017. DO AMARAL MATOS, E. "Colaboração premiada: análise de sua utilização na Operação Lava Jato à luz verossimilhaça e da presunção de inocência", *Revista brasileira de ciências criminais,* N° 143, 2018, p. 156-176. de MAGALHÃES BARROS BOLZAN DE MORAIS, F. y VILLANI BONACCORSI, D. "A colaboração por meio do acordo de leniência e seus impactos junto ao Processo Penal Brasileiro: um estudo a partir da "Operação Lava Jato", *Revista Brasileira de ciências criminais,* N° 122, 2016, p. 93-113.

ción administrativa anticorrupción del Brasil, su asimilación en América Latina ha sido exponencial en razón de los acuerdos devenidos por la operación *Lava Jato*, resaltando, que los mismos ni siquiera están concebidos en la mayoría de legislaciones procesales del subcontinente. En efecto, estos acuerdos si bien poseen relación

---

KUWAHARA, S. "Discursos sobre a colaboração premiada na imprensa escrita e seu impacto na política brasileira: Operação Lava-Jato pré e pós campanha eleitoral", *Revista de Estudios Brasileños,* Vol. 5, Nº 10, 2018, p. 106.118. RODRIGUES DA SILVA, M. "A colaboração premiada como terceira via do direito penal no enfrentamento à corrupção administrativa organizada", *Revista Brasileira de Direito Processual Penal,* Vol. 3, Nº 1, 2017, p. 285-314. MIRANDA DA SILVA FILHO, A. "Populismo penal y blanqueo de capitales: expansión legislativa y recrudecimiento jurisprudencial en la era de los juicios mediáticos", en: *Problemas y retos actuales del Derecho penal económico.* Cuenca, 2020, Ediciones de la Universidad Castilla-La Mancha, p. 99-109. RODRÍGUEZ GARCÍA, N. y MACHADO DE SOUZA, R. "El 'Acuerdo de lenidad como mecanismo privilegiado para combatir y prevenir actos de corrupción en Brasil', *Compliance, represión y recuperación de activos,* RODRÍGUEZ GARCÍA N., GONZÁLEZ-CASTELL, A.C. y RODRÍGUEZ-LÓPEZ, F. (Edit.), Valencia, 2019, Tirant Lo Blanch, p. 340. ORTIZ PRADILLO, J.C. "El difícil encaje del delator en el proceso penal", *Diario La Ley,* Nº 8560, 2015. También de dicho autor: "La delación premiada en España: instrumentos para el fomento de la colaboración con la justicia", *Revista Brasileira de Direito Processual Penal,* Vol 3, Nº 1, 2017, p. 39-70. "Compliance y clemencia en el proceso penal de la persona jurídica investigada", en: *Corrupción: compliance, represión y recuperación de activos.* Valencia, 2019, Tirant lo Blanch, p. 381-404. FRIDRICZEWSKI, V. "Acuerdos de lenidad en Brasil: una herramienta eficaz para la recuperación de activos de la corrupción", en: *Compliance y justicia colaborativa en la prevención de la corrupción,* Valencia, 2020, Tirant lo Blanch, p. 87-110. DE SOUZA, R.M. "Personas jurídicas y corrupción: análisis comparado de su responsabilidad y de los sistemas de cumplimiento y colaboración en Alemania, España e Italia", en: *Decomiso y recuperación de activos, Crime doesn't pay.* Valencia, 2020, Tirant Lo Blanch, p. 741-771.

conexa con la delación premiada, no puede confundírsele con la ésta, así como tampoco con otros conceptos procesales-penales como la "conformidad" o la "cooperación efectiva".

Cuando se mencionan los *Acuerdos de lenidad*, existe una apelación automática a concebirlo como manifestación exclusiva del principio de oportunidad procesal en materia penal. No puede negarse que dicho principio facilita el resultado de las investigaciones consecuentes de su incorporación dentro del proceso penal, pero, responde a un núcleo conceptual totalmente diferente. Lamentablemente existe una connotación generalizada en la llamada jurisprudencia conceptual[2], relativa a la fusión casi imperceptible entre el núcleo duro (objeto de estudio) de una rama del Derecho con alguna de sus instituciones. Surge así una suerte de tautología entre objeto científico y manifestaciones autónomas de la rama que marcan con un profundo predicado, para toda su existencia, conceptos, instituciones y procedimientos, e inclusive, como límite[3].

Esto ha ocurrido con el *Acuerdo de Lenidad*, pues, en un primer estadio, sus vínculos más evidentes se asocian impropiamente como patrimonio epistemológico del Derecho penal vinculado a la responsabilidad de las personas jurídicas, cuando sus orígenes poseen un enraizamiento incuestionable con el Derecho administrativo, y más específicamente, con el Derecho administrativo sancionatorio. Ha sido el debate abierto sobre la atribución de responsabilidad a la persona jurídica[4] la que ha potenciado un pleonasmo que puede

---

2 Véase LLOREDO ALIX, L.M. "Rudolf von Jhering: nuestra tarea (1857). En torno a la jurisprudencia de conceptos: surgimiento, auge y declive", *Eunomía: Revista en Cultura de la Legalidad,* N° 4, 2013, pp. 234-275.

3 Al respecto, véase LUHMANN, N. *La ciencia de la sociedad,* Barcelona, 1996, Anthropos.

4 Sobre la responsabilidad de la persona jurídica y el compliance, véase MUÑOZ, A.G. "Compliance penal ante la corrupción: luces y sombras", en: *Compliance y prevención de delitos de corrupción,* Valencia, 2018, Tirant Lo Blanch, p. 55-90. DE LA CUESTA ARZAMENDI,

desembocar en una peligrosa trampa que asocia la creación de un *compliance*, si y solo si, existe el reconocimiento de la responsabilidad penal de personas jurídicas por la legislación criminal de un Estado. Como indica SÁNCHEZ MACÍAS, no es condición necesaria ésta última, pues "*es posible implementar sistemas eficaces de complianza en ausencia de responsabilidad penal de las personas jurídicas*"[5].

J.L. "Penas para las personas jurídicas en el Código Penal español", en *Tratado sobre compliance penal: Responsabilidad penal de las personas jurídicas y modelos de organización y gestión.* GÓMEZ COLOMER, J.L y MADRID BOQUÍN, CH. M.(coord.). Valencia, 2019, Tirant Lo Blanch, p. 67-100. NIETO MARTÍN, A. (Dir.) *Manual de cumplimiento penal en la empresa,* Valencia, 2015, Tirant Lo Blanch. SILVA SÁNCHEZ, J.M. "La eximente de 'modelos de prevención de delitos'. Fundamento y bases para una dogmática", en: *Estudios de Derecho Penal: homenaje al profesor Miguel Bajo.* BACIGALUPO, S., FEIJOO SÁNCHEZ, B.J y ECHANO BASALDUA, J.I. (Coord.). Madrid, 2016, Editorial Universitaria Ramón Areces, p. 669-692. CIGÜELA SOLA, J. *La culpabilidad colectiva en el Derecho penal. Crítica y propuesta de una responsabilidad estructural de la empresa,* Madrid, 2015, Marcial Pons. GONZÁLEZ SIERRA, P. *La imputación penal de las personas jurídicas. Análisis del art. 31 bis CP,* Valencia, 2014, Tirant Lo Blanch. SILVA SÁNCHEZ, J.M. "La evolución ideológica de la discusión sobre la responsabilidad penal de las personas jurídicas", *Derecho Penal y Criminología,* 29, N° 86-87, 2008, p. 129-148. BAJO FERNÁNDEZ, M. FEIJOO SÁNCHEZ, B. y GÓMEZ-JARA DÍEZ, C. *Tratado de responsabilidad penal de las personas jurídicas. Adaptado a la Ley 1/2015, de 30 de marzo, por la que se modifica el Código Penal,* Madrid, 2016, Editorial Civitas. FEIJOO SÁNCHEZ, B. "¿Culpabilidad y punición de personas jurídicas?", en: *El funcionalismo en Derecho Penal. Libro Homenaje al Profesor Günther Jakobs,* Bogotá, 2003, Universidad Externado de Colombia, p. 349-384. SYKES GRESHAM, M. y MATZA, D. "Técnicas de Neutralización: una teoría de la delincuencia", *Delito y Sociedad. Revista de Ciencias Sociales,* Vol 1, N° 20, 2004, p. 127-136.

5 Véase SÁNCHEZ-MACÍAS, J.I. *Introducción al compliance y a los modelos de Gobierno, Riesgo y Cumplimiento (GRC),* Salamanca, 2020,

Ahora bien, ¿por qué ahora surge esta necesaria obligación de reconocer unos acuerdos cuando todavía en algunos Estados -como es el caso venezolano- no se concibe la responsabilidad penal de la persona jurídica en términos genéricos en el Código Penal, sino, en espacios punibles especializados como los delitos ambientales y los determinados para la delincuencia organizada y financiación del terrorismo?[6] ¿Existe algún condicionante extraterritorial que conlle-

---

Apuntes del Módulo II, Parte I del programa Máster On line Iberoamericano en Compliance, p. 2.

6 En efecto, en el Código Penal Venezolano vigente, no existe una norma general que contemple y extienda la responsabilidad penal de las personas jurídicas hacia todos los ámbitos punibles. Sólo se consagra en los siguientes términos de la *Ley Orgánica contra la delincuencia organizada y financiación del terrorismo*, publicada en la Gaceta Oficial de la República Bolivariana de Venezuela (G.O.), Nº 39.912 de fecha 30 de abril de 2012, para delitos relacionados con la delincuencia organizada y el financiamiento del terrorismo. El artículo 31, ejusdem, establece: "(...) Las personas jurídicas, con exclusión del Estado y sus empresas, son responsables civil, administrativa y penalmente de los hechos punibles relacionados con la delincuencia organizada y el financiamiento al terrorismo cometidos por cuenta de ellas, por sus órganos directivos o sus representantes. Cuando se trate de personas jurídicas del sistema bancario, financiero o cualquier otro sector de la economía, que intencionalmente comentan o contribuyan a la comisión de delitos de delincuencia organizada y financiamiento al terrorismo, el Ministerio Público notificará al órgano o ente de control correspondiente para la aplicación de las medidas administrativas a que hubiere lugar (...)". Sobre la legislación contra la delincuencia organizada venezolana y el reconocimiento de la responsabilidad penal de las personas jurídicas, apenas será en 2002 cuando Venezuela la recepciona al aprobarse un instrumento especializado sobre la materia, específicamente, la *Ley Aprobatoria de la Convención de las Naciones Unidas contra la Delincuencia Organizada Trasnacional*, publicada en Gaceta Oficial de la República Bolivariana de Venezuela (G.O.), Nº 37.357 de fecha 4 de enero de 2002. Sin embargo, el instrumento propio venezolano será aprobado en 2005, cuando se sanciona la *Ley Orgánica contra la Delincuencia Organizada*, publicada en

va no sólo a registrar los mecanismos del control fiscal al Estado, sino, de aquellos creados por los particulares, específicamente, si un *Acuerdo de Lenidad* contempla un procedimiento para prevenir fraudes? ¿Por qué, tras unos pocos años de ser creados los acuerdos de lenidad en la *Lei Anticorrupção*, ante un escándalo de corrupción transfronteriza, lo que era una modesta institución termina asumiendo como el documento protagonista en las complejas investigaciones de corrupción donde estuvieron envueltas multinacionales reconocidas?

Para responder estas preguntas, queremos dejar a un lado cualquier condicionante propia de la jurisprudencia de intereses donde arrincona una solución válida globalmente contra el muro de la sospecha soberanista de una concepción particular sobre el Derecho. La asimilación de figuras como los *Acuerdos de Lenidad*, donde, el Estado de forma activa puede negociar con las sociedades mercantiles involucradas en delitos económicos a cambio de exención o mitigación de las sanciones (más no de eliminar la reparación obligatoria a la víctima), no debe responder a una simple "anglozajonización

Gaceta Oficial de la República Bolivariana de Venezuela (extraordinario) N° 5.789 de fecha 26 de octubre de 2005. Esta última, será reformada en 2012, a la cual, se le agregan aspectos sobre financiación del terrorismo, para finalmente denominarse *Ley Orgánica contra la Delincuencia Organizada y Financiamiento al Terrorismo*, publicada en Gaceta Oficial de la República Bolivariana de Venezuela (G.O.) N° 39.912 de fecha 30 de abril de 2012. En el caso de la responsabilidad penal en materia de delitos ambientales, *Ley Penal del Ambiente* (publicada en G.O. N° 39.913 de 2 de mayo de 2012), al reconocer expresamente la responsabilidad penal de las personas jurídicas: "(...) Artículo 4. Las personas jurídicas serán responsables por sus acciones u omisiones en los casos en que el delito sea cometido con ocasión de la contravención de normas o disposiciones contenidas en leyes, decretos, órdenes, ordenanzas, resoluciones y otros actos administrativos de carácter general o particular de obligatorio cumplimiento (...)".

del Derecho", aunque pudieran ser válidas las tres hipótesis planteadas por el profesor ADÁN NIETO MARTÍN[7].

Hace algunos años, el entonces Secretario General de las Naciones Unidas, KOFFI ANAN, afirmaba que el fundamento de todas estas nuevas instituciones heterodoxas contra la corrupción, donde incluimos estos convenios normativos, son "respuestas de la sociedad civil contra la sociedad incivil que busca acabarla"[8]. De esta forma, la clave para entender mejor al *Acuerdo de Lenidad*, tan igual como la *Extinción de Dominio*, es situarlas dentro del concepto de "heterodoxia"[9] y no tanto como innovaciones o mixtificaciones provenientes del *Common law* o cualquier otra fuente extrajurídica, producto de elucubraciones doctrinales o deformación jurisprudencial. Ante problemas nunca vistos en nuestra sociedad, urge atacarlos con

---

7 NIETO MARTÍN, A. "¿Americanización o europeización del Derecho Penal económico?, *Revista Penal,* N° 19, 2007, p. 120-136.

8 Citado por RODRÍGUEZ GARCÍA, N., "Decomisa que algo queda como estrategia dominante e influyente en los sistemas penales para poner freno a la sociedad incivil", en: *Derecho y proceso: Liber Amicorum del profesor Francisco Ramos Méndez,* Barcelona, 2018, Atelier, Vol III. p. 2170.

9 Asumimos la misma definición de "heterodoxia", tal como lo identifica el DICCIONARIO DE LA LENGUA ESPAÑOLA "(...) 3. adj. Disconforme con hábitos o prácticas generalmente admitidos (...)" (subrayado nuestro) [en línea: https://dle.rae.es/?w=heterodoxo] Esta acepción de la palabra se identifica plenamente con los nuevos enfoques de lucha contra la corrupción, en la cual, sin destruir o hacer desmérito de las tradicionales vías para su combate (*vgr.* proceso penal, privación de libertad, comiso directo o tradicional, etc.), coexisten precisamente para actuar cuando la "ortodoxia" se ve sobrepasada por las nuevas maneras de criminalidad económica 2.0. Es por ello que a lo largo de nuestros trabajos prefiramos ajustarnos a este término que al de "innovación". En Derecho es poco lo que puede innovarse más, sin embargo, la revisión de sus enfoques (heterodoxia) es casi ilimitada y garantizan un éxito en la funcionalidad del concepto, institución o procedimiento bajo estudio.

remedios para nada ortodoxos, pues, como indicamos en la introducción, la delincuencia económica es 2.0 no precisamente porque mantenga sus prácticas de forma habitual, sino porque, así como evoluciona el sistema económico internacional, aquélla lo hace a ritmos incluso de mayor frenesí.

I. LA DOGMÁTICA Y PROCESO PENAL DERIVADO DE LA SOCIEDAD POSTINDUSTRIAL Y SU TRANSFORMACIÓN EXPANSIVA PARA HACER FRENTE A LOS PROBLEMAS DE LA SOCIEDAD DEL RIESGO GLOBAL Y GLOBALIZACIÓN DE LA ESTRUCTURA Y OPERACIONES DE LAS EMPRESAS

Múltiples factores conllevan a la necesidad de replantear aquellos mecanismos eficientes y eficaces presentes en la legislación administrativa o penal tradicional para incluirlos en la lucha global contra el flagelo de la corrupción, máxime, si lo planteamos no desde la esfera clásica punitiva o negociadora, sino, como apunta Boehm y Graf, con lecciones de análisis neoinstitucional que incremente los costos de transacción de cualquier acuerdo corrupto[10]. El sistema económico global se encuentra permanentemente asediado por prácticas ilícitas que conllevan a grandes y sofisticados fraudes, para lo cual, han aprendido que la solución no es tanto crear compañías para cometerlos, sino, utilizar las que lícitamente desarrollan sus giros comerciales para así pasar desapercibidos a todos los controles, incluyendo, a las modalidades de *compliance* normativo.

De esta forma, la empresa (sociedad mercantil) es quizá el actor protagonista por excelencia, lo cual, cualquier esquema o concepto de su responsabilidad ante el Derecho penal o administrativo sancionatorio, debe necesariamente pasar por la criba del paradigma sobre la lucha contra la lacra corrupta. A veces, a los efectos de no sacrifi-

---

10 Boehm, F. y Graf Lambsdorff, J. "Corrupción y anticorrupción: una perspectiva neo-institucional", *Revista de Economía Institucional*, Vol. II, N° 21, 2009, p. 61-62.

car los intereses colectivos, corresponde introducirnos en medidas "heterodoxas" donde se apuesta por el propio autosaneamiento empresarial vigilado (*self cleaning*)[11] por sobre cualquier lógica adversarial entre el Estado y la empresa[12], esquema que responde a la tradición sancionatoria penal y que hasta la fecha pocos réditos efectivos ha mostrado.

Con nuevas formas y fundamentaciones -quizá menos prevista por los juristas clásicos- la responsabilidad penal de las personas jurídicas ha visto su transformación inusitada y sobredimensionada, rebasando sus moldes primarios originales en la LPCE de 1977[13], en

---

11 PIOVESAN, F.; DIAS RODRIGUES, A.; OLMOS, E.A.; FERNANDES DE LIMA LIRA, L. y MESQUITA NUNES, T. "La corrupción y los derechos humanos en Brasil", TABLANTE, C. y MORALES ANTONIAZZI, M. (Edit.) *El impacto de la corrupción en los derechos humanos,* México, 2018, Instituto de Estudios Constitucionales del Estado de Querétaro, p. 121-122.

12 FRIDRICZEWSKI, V. "Acuerdos de lenidad en Brasil: una herramienta eficaz para la recuperación de activos de la corrupción", *Compliance y justicia colaborativa en la prevención de la corrupción,* RODRÍGUEZ-GARCÍA, N. y RODRÍGUEZ-LÓPEZ, F. (Dir.), Valencia, 2020, Tirant lo Blanch, p. 106

13 En efecto, la LPCE de 1977, en su núcleo original fue concebida para: "(a) Prohibición

Será ilegal para cualquier empresa local que tenga una clase de títulos registrada de acuerdo con la sección 781 de este título o al cual se le requiere registrar informes bajo la sección 780 (d) de este título, o para cualquier funcionario, director, empleado o agente de ese emisor o sus accionistas, actuando en nombre del emisor, hacer uso del correo u otros medios o conductos de comercio interestatal a fin de promover corruptamente el ofrecimiento, pago, promesa de pago o autorización de pago de cualquier moneda, u ofrecimientos, regalos promesas de entrega o autorización de entrega de cualquier cosa de valor a:

1. Cualquier funcionario público extranjero con el propósito de:

A) (i) influir sobre cualquier acto o decisión de tal funcionario extranjero en el ejercicio de su competencia oficial, o (ii) inducir a tal fun-

inclusive, el OCDE97[14]. Algunos autores proponen que ello se debe esencialmente a los cambios en la política criminal sobre la tipología de delitos económicos presente más allá de cualquier frontera estatal o territorial, donde más que imponer una pena severa, lo eficaz es

---

cionario extranjero a hacer u omitir cualquier acto en violación de los deberes legales de tal funcionario, o

B) inducir a tal funcionario extranjero a usar su influencia con un gobierno u organismo extranjero a fin de modificar o influir sobre cualquier acto o decisión de tal gobierno u organismo, a fin de ayudar al citado emisor a obtener o conservar un negocio o dirigir un negocio hacia cualquier persona;

2. Cualquier partido político extranjero o funcionario de ese partido o cualquier candidato para un cargo político extranjero con el propósito de (...)" Véase http://usinfo.state.gov/esp/Archive_Index/Ley_de_Practicas_Corruptas_en_el_Extranjero.html

14 En el caso del Convenio de lucha contra la corrupción de agentes públicos extranjeros en las transacciones comerciales internacionales (OCDE97), también se ha sobrepasado sus objetivos originales consistente en: "(...) Artículo 1. El delito de corrupción de agentes públicos extranjeros:

1. Cada Parte tomará las medidas necesarias para tipificar como delito según su derecho el hecho de que una persona deliberadamente ofrezca, prometa o conceda cualquier beneficio indebido, pecuniario o de otra clase, directamente o mediante intermediarios, a un agente público extranjero, para ese agente o para un tercero, con el fin de que el agente actúe o se abstenga de actuar en relación con el ejercicio de funciones oficiales con el fin de conseguir o de conservar un contrato u otro beneficio irregular en la realización de actividades económicas internacionales.

2. Cada Parte tomará todas las medidas necesarias para tipificar como delito la complicidad, incluidas la incitación, el auxilio, la instigación o la autorización de un acto de corrupción de un agente público extranjero. La tentativa y la confabulación para corromper a un agente público extranjero constituirán delitos en la misma medida que la tentativa y la confabulación para corromper a un agente público de esa Parte (...)"

privarles de ganancias ilícitamente adquiridas[15]. Otros, siguiendo las orientaciones fundamentales sobre la *economía de la corrupción* explicitada por SUSAN ROSE-ACKERMAN[16], insisten en múltiples argumentos que soslayan muchas veces a la única óptica del Derecho penal clásico.

En fin, ante fenómenos con fuerte carga moral[17], como los juicios de corrupción, donde las frustraciones procesales y probatorias están a la vuelta de la esquina[18], lo ideal es apostar por fórmulas universalizables, que más allá de centrarse en las consecuencias delictivas, oteen los mecanismos más radicales para prevenirlas. En este caso, el *Acuerdo de Lenidad* se presenta como una opción viable, antiadversarial[19], para anular las frustraciones típicas del proceso penal, sin que ello sea una forma para desvirtuarlo o desfigurarlo como en efecto revisaremos en la segunda parte de este libro.

---

15 DÍAZ CABIALE, J.A. "El decomiso tras las reformas del Código Penal y la Ley de Enjuiciamiento Criminal de 2015", *Revista Electrónica de Ciencia Penal y Criminología,* N° 18-10, 2016, pp. 3-4.

16 Al respecto, véase ROSE-ACKERMAN, S. "The law economics of bribery and extortion", *Annual review of law and social science,* Vol. 6, 2010, pp. 217-238.

17 MARCH POQUET, J.M. "Economía Pública y corrupción. Una ordenación de las propuestas anticorrupción", *Revista de Economía Pública, Social y Cooperativa,* N° 91, 2017, pp. 271.

18 BLANCO CORDERO, I. "El debate en España sobre la necesidad de castigar penalmente el enriquecimiento ilícito de empleados públicos", *Revista Electrónica de Ciencia Penal y Criminología,* N° 19-16, 2017, p. 34.

19 FRIDRICZEWSKI, V. ... *Acuerdos de lenidad en Brasil* ..., 2020, p. 106-107.

1. *La globalización como marco del nuevo Derecho y proceso penal, la política criminal y la implementación del compliance*

Como observamos en las páginas anteriores el cambio de las estructuras y la penetración de la delincuencia económica 2.0 en ellas, ha creado una sociedad con riesgo creíble de asumir el mote de "criminal" de forma inconsciente. No podemos afirmar que toda empresa per se tenga en su genética la inclinación hacia prácticas corruptas. Lo que si es un hecho notorio es el clima muy frecuente en aquellas sociedades donde opera la famosa ECUACIÓN DE KLITGAARD en la teoría del AGENTE[20], donde a veces sucumben las empresas en dichas prácticas, inclusive, de forma imperceptible.

Por ello, ante la incapacidad de las políticas criminales unilaterales de los Estados, se ha debido apelar por las respuestas globales y supranacionales a los nuevos problemas de la sociedad del riesgo, mejor conocida como *sociedad del riesgo global* en terminología acuñada por URLICK BECK[21], que precedería sus estudios sobre los fenómenos de globalización[22]. La sociedad del riesgo global y globalización rubricarán como fenómenos más influyentes, desde finales del siglo XX, toda creación humana -lícita e ilícita-.

Es una sociedad impulsada por nuevos procesos homogeneizadores, desestatizadores y por, sobre todo identitarios, que gráfica-

---

20 La ecuación es **C = M + D - A**, que implica, **Corrupción (C)** es igual a **monopolio de la decisión (M)** más **discrecionalidad (D)**, menos, **rendición de cuentas (A)**. Para más detalles, véase JIMÉNEZ SÁNCHEZ, F., *El olvido de los determinantes socio-políticos de la corrupción y el fracaso de las reformas anticorrupción,* Programa del master en línea de Políticas Anticorrupción, Salamanca, 2019, Tirant lo Blanch formación-Universidad de Salamanca, págs. 3-4.

21 BECK, U. *La sociedad del riesgo global,* Madrid, 2002, Siglo XXI.

22 BECK, U. *¿Qué es la globalización? Falacias del globalismo, respuestas a la globalización,* Barcelona, 1998, Paidós, p. 17-19.

mente se traduce en el término *nacionalismo planetario*[23]. Esto conlleva a la elaboración de una globalización que no toma partido sobre la conveniencia moral o ideologías, pero, sí en estrategias comunes para frenar las contingencias de la sociedad del riesgo. Es así como el *compliance*, la responsabilidad penal de las personas jurídicas y la apuesta por mecanismos antifraude son irremediables hijos de este concepto planetario.

La globalización identitaria, encuadra en la figura de la intersección donde coloca a los mundos físicos y electrónicos en una misma convivencia y multidisciplinariedad sin que ellos se confundan. La intersección responde a los conceptos de unir y dividir al mismo tiempo. Une caminos y establece direcciones. Empalma espacios y los divide. Como bien lo explicita SARASQUETA, en el modelo global se fundamenta "(...) *no sólo lo que conocemos, sino en su relación con lo que ignoramos* (...)"[24].

---

23 Sobre la globalización y su impacto, véase SOROS, G. *Globalización*, Barcelona, 2002, Editorial Planeta. BAUMAN, Z. *La globalización. Consecuencias humanas*, México DF, 1999, Fondo de Cultura Económica. BRÜNNER, J. J. *Globalización y postmodernidad*, México DF, 1998, Fondo de Cultura Económica. CASTELLS, M. *La era de la Información*, Madrid, 2000, Editorial Alianza, III Volúmenes. GIDDENS, A. *Un mundo desbocado. Los efectos de la globalización en nuestras vidas*, Madrid, 2000, Editorial Taurus. SARASQUETA, A. *Una visión global de la globalización*, Pamplona, 2003, Eunsa. HELD, D. y MCGREW, A. *Globalización/Antiglobalización. Sobre la reconstrucción del orden mundial*, Barcelona, 2003, Editorial Paidós. SERVIN, A. "Globalización y sociedad civil en los procesos de integración", *Nueva Sociedad*, N° 147, 1997, Caracas. FERNÁNDEZ-ARMESTO, J. "La globalización, un fenómeno a gobernar", *Razón y fe*, Tomo 238, 1998. ROBERTSON, R. *Globalisation or Glocalisation?*. En: ROBERTSON, R. y WHITE, K. *Globalisation. Critical concepts in Sociology*, Londres, 2003, Routledge.

24 SARASQUETA, A. ... *Una visión global de la globalización* ... 2003, p. 12.

Con el pensar globalizado ocurre un cambio o transformación en la escala de la organización humana. El proceso enlaza comunidades distantes y expande el alcance de las relaciones de poder, la economía y del Derecho a través de regiones y continentes[25]. Al abordar el cambio como concepto aplicado a la organización humana hacemos alusión directa al tema identitario. Es punto conteste dentro de la literatura sobre la globalización, referirse a las transformaciones que apareja el fenómeno. Las metamorfosis van dirigidas hacia las estructuras sobre las cuales se ha cimentado tradicionalmente la sociedad, la economía, la empresa, el Derecho y los mecanismos de control y punitivos del Estado[26], que desde el siglo XVIII hasta el XX, su molde exclusivo ha sido el Estado-Nación[27]. Y será esa relación entre ciudadanía, Poder Público e identidad nacional la que construirá las bases del pensar jurídico moderno[28], que es en sí lo que parece quebrarse por otros moldes que trae la globalización.

Al tomar como referencias identitarias otras hormas diferentes al ESTADO-NACIÓN, fenómenos como la corrupción y otros vinculados a la delincuencia organizada asumen un cariz no conocido hasta entonces porque también se trasmutan hasta observar otras patologías y dimensiones nunca vista en la historia institucional de cualquier país, salvo, los denominados *Estados-fallidos o fracasados* y *Estados-débiles*[29], donde precisamente, la crimina-

---

25 HELD, D. y MCGREW, A. ... *Globalización/Antiglobalización...* 2003, p. 13.

26 Véase GARCÍA DE ENTERRÍA, E. *Reflexiones sobre la ley y los principios generales del Derecho,* Madrid, 1984, Editorial Civitas, p. 18.

27 Véase GIDDENS, A. *Consecuencias de la modernidad,* Madrid, 1997, Editorial Alianza, p. 28-51.

28 MASSINI, C.I. *La desintegración del pensar jurídico en la edad moderna,* Buenos Aires, 1980, Editorial Abeledo-Perrot, pp. 10-21.

29 Sobre el concepto de Estado-débil, véase JIMÉNEZ PIERNAS, C. "Estados débiles y Estados fracasados", *Revista española de Derecho internacional,* Vol. 65, N° 2, 2013, p. 11-49. También, véase HERNÁNDEZ BRAVO DE LAGUNA, J.H. "La Teoría del Estado fallido: Estados débi-

lidad ha sido un ingrediente para su construcción hasta el punto de considerarse un elemento característico.

En el caso del terrorismo y narcotráfico, se viven capítulos de verdadera delincuencia internacional, más en los relacionados a la corrupción, la tecnificación de las formas para violentar los caudales públicos dependerá de la interconexión entre banca, tecnología, personas con conocimiento en negociación, capacidad para manipular las sociedades mercantiles infiltrándolas o no[30], y formas para eludir

---

les, Estados aparenciales y otras formas fallidas de Estado", en: BELTRÁN-TEJERA, E. (Edit.), ALFONSO CARRILLO, J.M. (Edit.), GARCÍA GALLO, A. (Edit.) y RODRÍGUEZ DELGADO, O. (Edit.) *Libro Homenaje al Prof. Dr. Wolfredo Wildpret de la Torre,* San Cristóbal de la Laguna (Tenerife), 2009, Instituto de Estudios Canarios, p. 755-766. Se entiende por Estado fracasado "(...) *frente al estándar del Estado sostenible, aquél que no ejerce un control efectivo y que ha perdido el monopolio del uso legítimo de la fuerza sobre parte de su territorio, porque se desafía o suplanta su autoridad por medios violentos* (...)" JIMÉNEZ PIERNAS, C. ... "Estados débiles y Estados fracasados ..., 2013, p. 19.

30 En este punto es importante destacar lo que apunta SILVIA MENDOZA CALDERÓN: "(...) A pesar de ello, señala que hay que la criminalidad económica se conforma por una amplia variedad de supuestos, abarcando desde formas de criminalidad **en la empresa** (que podrían asumir connotaciones exquisitamente individuales) hasta las más complejas formas de criminalidad **de empresa** (con la inserción de conductas ilícitas en el contexto de una actividad y de una política de empresa por lo demás lícita), hasta el más grave fenómeno de la **empresa ilícita** (entendida como empresa heterodirigida por una estructura criminal a ella sometida). Por ello, siempre en primer lugar, habría que verificar si existen las formas de criminalidad económica que asumirían las características estructurales de verdadera criminalidad organizada, examinando si la economía, además de ser campo privilegiado de "invasión" o de "expansión" de una criminalidad organizada originada en otros sectores, no sería ella misma una posible "fuente" *de organización empresarial de actividades ilícitas.* Asimismo, hay que distinguir que dentro del denominado " ***modelo de la instrumentalización de la***

controles preceptivos y posteriores a las Administraciones Públicas. Hablar de globalización en la criminalidad no es en sí una internacionalización de ciertos tipos delictivos, sino, una forma global de manifestaciones y esquemas criminales nunca vista antes por los Estados y sus sociedades, pero, cuyo *modus operandi* es similar, aunque muchas veces no tengan conexión.

Esto obliga a dichos Estados y a las organizaciones supraestatales, despejar mecanismos que faciliten la lucha contra esa forma criminal que va más allá del Estado-Nación que, al verse rebasadas, se les tensa más exigentes[31] para que adopten formas y estructuras eficientes más de prevención que de represión punitiva. La globalización, así como ha favorecido la expansión de nuevos riesgos y ha

---

economía" se situaría a las distintas formas de interferencia e influencia sobre la economía que provendrían de la persecución de fines extraños a la lógica económica, y propios, por el contrario, de la organización criminal en cuanto tal (fines de tipo político, de financiación y expansión de las actividades ilegales de la organización, de ocultación de las actividades delictivas, de asegurar la impunidad de las mismas, etc.). En cambio, en el modelo **del "*control de la economía*"** responderían aquellas situaciones en que la criminalidad organizada entra en el sistema económico comportándose como un auténtico actor económico impulsado por una racionalidad económica (...) (Negrillas originales de la obra) MENDOZA CALDERÓN S., "Capítulo IV. Criminalidad organizada económica y aplicación del principio ne bis in idem en la Unión Europea", en: *Cooperación judicial penal en la Unión Europea. Reflexiones sobre algunos aspectos de la investigación y el enjuiciamiento en el espacio europeo de justicia penal*, GONZÁLEZ CANO, MA. I. (Coord.) Valencia, 2016, Tirant Lo Blanch. Hemos consultado esta obra bajo el Documento TOL5.973.455 del programa de Compliance Internacional, 2020, p. 4.

31 AGUADO CORREA, T. "Comiso: crónica de una reforma anunciada. Análisis de la Propuesta de Directiva sobre embargo y decomiso de 2012 y del Proyecto de reforma del Código Penal de 2013", *InDret. Revista para el análisis del Derecho,* N° 1, 2014, p. 38.

maximizado la sensación de inseguridad[32], también autoriza a los Estados para emplear otros moldes socio-jurídicos diferentes a los devenidos por el principio de soberanía estatal, sea cual sea sus versiones. Ejemplo de ello es el reconocimiento que en 2017, los Ministerios Públicos Fiscales dispensaron a los *Acuerdos de Lenidad*[33], a pesar que en todos los países co-suscribientes de la DECLARACIÓN DE BRASILIA, ninguno contemplaba dichos acuerdos como formas válidas de negociación procesal en sus correspondientes legislaciones.

Estos nuevos moldes globalizadores tensan la tradición en las diferentes ramas del Derecho, siendo el Derecho penal, una de las que más ha debido responder a nuevos cuestionamientos sociales si partimos que se han extinguido casi todos los puntos de referencia valóricos elementales entre lo que es el "bien" y lo que es el "mal", máxime, como señalamos al citar el trabajo de la profesora SILVIA MENDOZA, nos topamos con el mal criminal "de la empresa", "de empresa" "en empresa" y "empresa criminal". Como indica SILVA SÁNCHEZ, allí ante la desaparición fronteriza entre la polaridad, es cuando el Código Penal asume protagonismo inusitado sustituyendo esos referentes erosionados o erradicados[34].

---

32 SILVA SÁNCHEZ, J.M. *La expansión del Derecho penal. Aspectos de la Política criminal en las sociedades postindustriales,* Buenos Aires, 2011, Euro Editores, p. 15. También, véase SILVA SÁNCHEZ, J.M. (Dir.) ROBLES PLANAS, R. (Coord.), *Lecciones de Derecho penal económico y de la Empresa. Parte General y Especial,* Barcelona, 2020, Atelier.

33 Puede consultarse en: https://www.fiscalia.gov.co/colombia/wp-content/uploads/Acuerdo_Brasil.pdf

34 SILVA SÁNCHEZ, J.M. ... *La expansión del Derecho penal...* 2011, p. 60.

2. *La tesis del Derecho penal a dos velocidades como racionalización globalizada del fenómeno de expansión del Derecho penal*

Como observamos, la política criminal estatal, per se no ha sido fuente exclusiva para colocar el tema de la lucha contra la corrupción en el primer plano de la discusión social, así como, mucho menos ha debatido con intensidad el problema sobre la responsabilidad de las personas jurídicas y las formas o modelos de complianza. Ha sido las transformaciones y políticas criminales trasnacionales las que sí o sí han obligado a los Estados a dejar a un lado las comodidades propias que conlleva el ejercicio de la soberanía estatal. Esta sobredimensión si bien se manifiesta en los tratados y convenciones internacionales en materia penal, adquiere más relevancia y fundamento en la *teoría de la expansión del Derecho penal*, en el cual, éste último, ante las nuevas realidades delictivas, los nuevos intereses, bienes jurídicos y deterioro de las realidades tradicionales, debe dar respuesta efectiva con evidentes sacrificios epistemológicos.

Como indica SILVA SÁNCHEZ, no puede tomarse con descuido o fanatismo los fenómenos expansivos de las esferas del Derecho penal, pues, también implicaría otorgarles funciones que no debe cumplir jamás[35], como es cohesionar una sociedad con el miedo a la sanción, establecer mecanismos de control intraempresarial (propio del Derecho societario) o gestionar intereses colectivos -tutela de bienes jurídicos- que más bien le corresponden al Derecho administrativo.

Si bien es cierto existe un consenso en afirmar la expansión del Derecho penal, éste fenómeno debe circunscribirse a límites racionales o direcciones que consoliden el desarrollo de la materia y vayan profundizando en aquellos conceptos e instituciones que han sido eficientes y eficaces en la lucha contra el crimen económico, más propiamente, contra la criminalidad económica 2.0. De lo contrario, estaríamos entrando en una etapa de la historia humana que

---

35 SILVA SÁNCHEZ, J.M. ... *La expansión del Derecho penal...* 2011, p. 51-54.

reeditaría la forma más sutil de represión al disenso y a todo aquel que decida abiertamente enfrentar un estatus quo perverso instaurado.

La aparición de la responsabilidad penal de las personas jurídicas no ha sido acogida con el beneplácito absoluto de la doctrina y la jurisprudencia, pues, a simple vista luce una evidente relativización de los principios de garantías y reglas de imputación que más de dos siglos costó en imponerse en la dogmática penal de corte liberal. Esta advertencia es clara al momento de aplicar cualquier novedoso -o heterodoxo como preferimos bautizar- mecanismo anticorrupción vinculado a la figura de la empresa, envuelta en dogmas como el *societas delinquiere non potest* más, sin embargo, encontramos precisamente en la tesis expansiva del Derecho penal, uno de los mejor estructurados fundamentos teóricos para adoptarla en aquellos Estados donde las legislaciones ni siquiera la contemplan.

SILVA SÁNCHEZ precisa la expansión del Derecho penal en su formulación teórica conocida como las "dos velocidades"[36], para que, de esta manera, no se erosionen los principios garantistas básicos globalmente aceptados, ni se flexibilicen las reglas de imputación o la relajación absoluta de las garantías político-criminales sustantivas y adjetivas[37]. En su teoría, SILVA expresa -a título de grave advertencia- que no debe expandirse el *Derecho penal de la pena privativa de libertad*, por cuanto, es precisamente esta modalidad clásica la que debe ser contenida y reducida a determinados ilícitos penales que protegen bienes jurídicos de naturaleza individual, en principio[38]. Para evitar este desbordamiento que tarde o temprano desembocaría en la instauración de la arbitrariedad de los

---

[36] SILVA SÁNCHEZ, J.M. ... *La expansión del Derecho penal...* 2011, p. 95-96.

[37] SILVA SÁNCHEZ, J.M. ... *La expansión del Derecho penal...* 2011, p. 83.

[38] SILVA SÁNCHEZ, J.M. ... *La expansión del Derecho penal...* 2011, p. 169.

denominados y superados "estados de policía"[39], crea las categorías de las *dos velocidades*.

La primera velocidad es el *Derecho penal de la cárcel*, de la privación de libertad como prioridad. Sobre éste -ratifica el autor- habría que mantenerse rígidamente los principios político-criminales clásicos, pues, no puede el Estado dar la espalda a la demanda social de punición razón por la cual habría que fortalecer los espacios que ocupa esta primera velocidad, reduciendo sus ámbitos[40].

La segunda velocidad, centra su atención en los delitos *que no comportan privativa de libertad*, sino, otras penas que conllevan a la privación de otros derechos de naturaleza patrimonial[41], o bien, en los casos donde precisamente no habría nacido ningún derecho fundamental como es el caso de la propiedad sobre bienes de origen o destinación ilícita[42]. En esta segunda categoría es donde se fundamenta el

---

39 Véase las explicaciones sobre el "estado de policía" en MERKL, A. *Teoría general del derecho administrativo,* Madrid, 1953, Editorial Revista de Derecho Privado, pp. 25-44.

40 SILVA SÁNCHEZ, J.M. ... *La expansión del Derecho penal...* 2011, p. 183.

41 *Ibídem.*

42 Como ocurre en la extinción de dominio, en la cual, los bienes al no probarse la "licitud" de origen de conformidad con el ordenamiento jurídico, el titular aparente se reputa que jamás fue amparado por el derecho de propiedad. Inclusive, en esta materia, operan reglas, principios y presunciones que en nada se acoplan -ni deberían hacerlo- con el Derecho penal de privación de libertad. Un ejemplo de ello es la denominada "presunción de ilicitud". La jurisprudencia constitucional de HONDURAS, específicamente, en la sentencia del caso *Christopher Reyes Gómez y Ana María Hernández Cambar Vs. Decreto Legislativo Nº 27-2010 contentivo de la Ley de Privación de Dominio de Bienes de Origen Ilícito,* de la SALA DE LO CONSTITUCIONAL DE LA CORTE SUPREMA DE JUSTICIA DE HONDURAS, de fecha 14/11/2013, se refirió a un término que pudiera generar discordias para la terminología tradicional. La Sala precisó sobre la denominada "presunción de

ilicitud", estableciendo que: "(...) **CONSIDERANDO (15)**: Que el impetrante en el Tercer Motivo de inconstitucionalidad, alega la infracción directa del artículo **90** de la Constitución de la República y aduce para ello que el artículo 7 de la Ley de Privación de Dominio de Bienes de Origen Ilícito, establece la Presunción de Ilicitud, misma que según él vulnera la Presunción de Inocencia del artículo **89** de la Constitución de la República, alegatos respecto de los cuales esta Sala deviene en señalar que también la referida ley contempla en el articulo **6,** el Principio del Licitud, que establece que los bienes solo serán reconocidos como legales y lícitos ***"cuando el titular del dominio acredite que su derecho ha sido originado o adquirido a través de los medios o mecanismos compatibles con el ordenamiento jurídico",*** articulo este que en relación con lo señalado en el artículo 7 de la citada ley no contraviene el Estado de Inocencia, porqué cuando se habla en este ultimo de *Presunción de Ilicitud*, esto esta referido a las *sospechas e indicios*, sobre el origen de determinados bienes y que dan pie para iniciar la investigación respectiva, evidentemente la ley da margen al o los propietarios de los bienes bajo sospecha para que puedan acreditar la licitud de los mismos, situación que es compatible con lo apuntado por la Convención de las Naciones Unidas Contra el Tráfico Ilícito de Estupefacientes y Sustancias Psicotrópicas, que en su artículo 7, señala que cada una de las partes considerará la posibilidad de invertir la carga de la prueba, respecto del origen lícito del supuesto producto u otros bienes sujetos a decomiso, también establece dicha normativa internacional que la implementación de la inversión de la carga de la prueba se hará en la medida en que ello sea compatible con los principios del derecho interno de cada país suscriptor y con la naturaleza de sus procedimientos judiciales y demás. En ese orden de ideas y siendo que Honduras es un Estado de Derecho, y que por lo tanto deviene obligado a garantizar a sus habitantes la seguridad jurídica, es entonces procedente que el mismo cuente con un instrumento jurídico moderno que respetando las garantías y derechos no solo establecidos en nuestra carta magna y los Tratados Internacionales, regule de forma eficiente todas aquellas situaciones que tengan que ver con uno de los mas grandes flagelos que hoy en día abate a nuestra sociedad, señalado lo anterior esta Sala de lo Constitucional no encuentra que el articulo 7 de la referida ley entre en contradicción con el principio de inocencia constitucional. Por otro lado cabe recordar que

Derecho penal económico, que por sus características no limitantes de la libertad individual, cabe la *flexibilización controlada* de las reglas de imputación, los principios políticos-criminales y cualquier otro elemento que implique desvirtuar la presunción de inocencia.

En esta velocidad se canalizaría el proceso de expansión del Derecho penal en razón que existe una delincuencia patrimonial profesionalizada -sobresaliendo la corrupción- que amenazan con socavar los fundamentos últimos de la sociedad constituida en Estado[43]. Si en el pasado se hablaba que el Derecho penal era el brazo armado de las clases poderosas (sistémico), en el siglo XXI, luce una suerte de cambio o giro pendular, siendo entendido entonces como el brazo armado contra la criminalidad de los poderosos, potenciada ésta última por la propia globalización como advertimos en la criminalidad económica 2.0. Y si existe algún instrumento por el cual se crea la riqueza, es la empresa. Por tanto, es ésta última la que serviría de instrumento óptimo para este tipo de violaciones.

---

la Sala ha dejado sentada su posición en cuanto que el debido proceso consignado en el articulo **90** de nuestra carta magna, encaja en el llamado derecho a la jurisdicción, mismo que no se agota con el solo acceso de las partes al Tribunal, sino que se desarrolla durante toda la secuela del proceso en persecución de la sentencia o resolución que resuelva la pretensión, así pues para que exista la posibilidad de defensa y debido proceso, tiene que haber *proceso*, lo que presupone disponer del acceso al órgano judicial o administrativo para que administre justicia; es evidente que en el caso que nos ocupa el Decreto **27-2010,** no hace sustracción alguna del proceso, con lo cual no se provoca la vulneración del debido proceso (...)" (negrillas, cursivas y subrayado original de la sentencia). También, véase SANTANDER ABRIL, G. *La emancipación del comiso del proceso penal: su evolución hacia la extinción de dominio y otras formas de comiso ampliado,* En: AAVV. *Combate del Lavado de Activos desde el Sistema Judicial,* Washington D.C., 2017, Ediciones de la Organización de Estados Americanos (OEA) - Departamento contra la Delincuencia Organizada Trasnacional, 5ta edición, p. 477.

43 SILVA SÁNCHEZ, J.M. ... *La expansión del Derecho penal...* 2011, p. 184.

De esta forma, la globalización transforma al Derecho penal de segunda velocidad en un instrumento más pragmático para combatir la criminalidad -que también se transforma en esencialmente económica[44]-, puesto que, al no estar en juego la libertad sino otros bienes jurídicos, facilita a los Estados la capacidad judicial para enfrentar una criminalidad económica refinadamente racional y con poder suficiente para burlarse de todas las instituciones de dichos Estados hasta sobrepasarlos. Debemos recordar que, en el pasado, en el concepto liberal clásico del Derecho, la empresa no era capaz de ser enjuiciada, precisamente, porque muchas veces subyacía la doble intención de consolidar esta ficción para evitar cualquier responsabilidad.

Se ha demostrado que las garantías del Derecho penal clásico pueden transformarse en un obstáculo para combatir eficazmente la corrupción, puesto que, al requerirse decisiones judiciales vinculadas con una sentencia condenatoria poco puede rescatarse como bienes productos o efectos de conductas contra el patrimonio público -en razón de algunas argucias procesales o porque los delitos vayan más allá de los paradigmas clásicos penales- que impedirían esta condenatoria, y por ende, saboteada cualquier iniciativa de condena ejemplificante. Así, podrían configurarse lo que SILVA denomina "paraí-

44 SILVA SÁNCHEZ, J.M. ... *La expansión del Derecho penal*... 2011, p. 106, expone: "(...) El paradigma del Derecho penal de la globalización es el delito económico organizado tanto en su modalidad empresarial convencional, como en las modalidades de la llamada macrocriminalidad. La delincuencia de la globalización es delincuencia económica, a la que se tiende a asignar menos garantías por la menor gravedad de las sanciones, o es criminalidad perteneciente al ámbito de la clásicamente denominada legislación excepcional, a la que se tiende a asignar menos garantías por el enorme potencial peligroso que contiene (...)".

sos jurídico-penales"[45], en alusión a aquellos Estados que sólo poseen en su legislación penal, conceptos de la dogmática clásica.

Si bien es cierto la doctrina sigue debatiendo estas teorías, donde se incluye el "Derecho penal del enemigo"[46], lo que sí somos contestes que la fundamentación de nuevas tendencias para enfrentar la corrupción encuentra su asidero teórico en el marco de la globalización y expansión del nuevo Derecho penal no privativo de libertad. Es conteste con advertir sobre ese tránsito de determinados delincuentes que, a sabiendas del daño producido por la corrupción a nivel global, decidan organizarse estructuralmente para tecnificar todavía más este flagelo. Inclusive, a pesar de lo que señala ISODORO BLANCO-CORDERO sobre las "tensiones procesales"[47] en los juicios penales contra las personas jurídicas (visto que éstas al colaborar, agravan la situación procesal de las personas físicas a las cuales se le imputa el delito), la tesis de dos velocidades facilitaría una fundamentación teórica a la presencia de los *Acuerdos de lenidad* más allá si un Estado determinado no los contempla en su

---

45 SILVA SÁNCHEZ, J.M. ... *La expansión del Derecho penal...* 2011, p. 92.

46 SILVA SÁNCHEZ, J.M. ... *La expansión del Derecho penal...* 2011, p. 184-185, establece una interpretación propia sobre la formulación presentada por JAKOBS (*Feindstrafrecht*) conocido como *Derecho penal del enemigo*. Explica SILVA "(...) El enemigo es un individuo que mediante su comportamiento, su ocupación profesional o, principalmente, mediante su vinculación a una organización, ha abandonado el Derecho de modo supuestamente duradero y no sólo de manera incidental. En todo caso, es alguien que no garantiza la más mínima seguridad cognitiva de su comportamiento personal y manifiesta este déficit a través de su conducta (...)".

47 BLANCO CORDERO, I. ... *La responsabilidad penal ...* 2020, p. 4. Señala el autor la diatriba en relación a que las personas jurídicas estarían exentas de ser aplicada el principio liberal de culpabilidad, porque aquéllas no pueden cometer delitos. Por ello, indica, que no es adecuado calificar como "penas" las que se imponen a las personas jurídicas, sino, sanciones de naturaleza penal.

bloque normativo, o bien, decida incorporarlos no en la legislación administrativa como lo ha configurado Brasil, sino en las leyes de naturaleza punitiva.

Sabiendo que no responderemos más a un Derecho penal unitario, apegado a sus garantías clásicas, es que podremos encarecer todavía más los costos de la corrupción, reconociendo figuras que faciliten la obtención de pruebas y procedimientos sobre fraudes o delitos de corrupción cometidos por empleados de la empresa. El simple hecho que pueda en determinado Estado condenar a una persona jurídica en razón de la concurrencia de un acervo probatorio legalmente obtenido, con colaboración de la propia empresa; agrava más las cuentas del corrupto -y por sobre todo del corruptor empresarial- que tarde o temprano correría con el riesgo de ser atrapado, dificultando el disfrute de los bienes y recursos obtenidos de forma ilegítima y sin causa.

Recapitulando, la teoría del Derecho penal a dos velocidades soporta teórica y suficientemente las construcciones que a nivel internacional ha ocurrido con el sobredimensionado *Acuerdo de Lenidad*, el cual, como indicamos, tiene un muy reducido origen en la legislación anticorrupción del Brasil de naturaleza eminentemente administrativa.

II. MÁS ALLÁ DE LA CLÁSICA GARANTÍA CONSTITUCIONAL DE PROTECCIÓN A LOS BIENES Y PRESUNCIÓN DE INOCENCIA COMO FUNDAMENTO DE LAS NUEVAS INTERPRETACIONES SOBRE LA RESPONSABILIDAD PENAL DE LAS PERSONAS JURÍDICAS. DESDE LA OCDE97 HASTA UNCAC 2003

Si bien es cierto partimos teóricamente como sustento doctrinal de los Acuerdos de Lenidad la tesis del Derecho penal a dos velocidades producto de la globalización, también debemos precisar que en la moderna teoría general de las fuentes del Derecho[48], la doctrina o el *ius respondendi edicendi* ha sido desterrado hace muchos siglos. No basta con esgrimir una construcción argumental de un doctrinario para asegurar suficientemente nuestra hipótesis sobre si podemos reconocer, internacionalmente, una institución de corte procesal y probatorio como es el *Acuerdo de lenidad.*

Para ello es necesario que el núcleo duro de la tesis analizada en el subepígrafe anterior sea asumida formalmente por el legislador o la judicatura en sus decisiones judiciales. Sin embargo, ya hemos argumentado que no es así, por cuanto, al sobrepasar la corrupción la capacidad judicial estatal para controlarla; se requiere de acciones y recursos, así como, modificaciones lingüísticas que sólo pueden provenir de dimensiones supranacionales. El ejemplo de los *Acuerdos de lenidad* es muy prototípico, pues, sólo es una mera construcción en una ley de 2013 brasileña que se expandió hacia todo el continente sin un reconocimiento formal del legislador de los países que conforman América Latina.

Si la lucha contra las prácticas corruptas, así como la concreción de la responsabilidad penal de la persona jurídica por incurrir en dichas prácticas fuera sólo un problema que el Derecho penal o procesal penal clásico liberal pudiera resolver, poco o nada tendrían de verosímiles los convenios internacionales sobre la materia, porque el riesgo sería inexistente. Es más, sería un ejercicio de huera diplomacia de organismos multilaterales, incapaces de muchas veces justificar la abultada y exquisita burocracia que los conforma. Pero, ocurre lo contrario.

---

48 Al respecto, véase AGUILÓ REGLA, J. *Teoría general de las fuentes del Derecho,* Barcelona, 2000, Ariel Editores, p. 129-131. Sobre el *ius respondendi edicenci*, véase PARICIO SERRANO, F.J. "El Ius publice respondendi ex auctoritates principis" en: *Poder político y Derecho en la Roma clásica.* PARICIO SERRANO, F.J (Coord.) Madrid, 1996, Ediciones de la Universidad Complutense de Madrid, p. 85-106.

Como lo expresa RODRÍGUEZ GARCÍA, estos convenios son respuestas de la sociedad civil contra la "sociedad incivil que busca acabarla"[49].

De esta manera, existen consensos teóricos globales que permean a los actores y organizaciones supranacionales, generando convicciones que, en ciertos casos, quebrarán las reglas clásicas como es la protección de los bienes jurídicos por el Estado y la incólume fundación jurídica moderna de la "presunción de inocencia"[50]. Como no basta alegar doctrinalmente a favor de la responsabilidad penal de las personas jurídicas, sobre todo en una cantidad de países que no la contemplan -caso venezolano y casi toda Hispanoamérica- se recurre a los mecanismos internacionales concentrados en los tratados y convenios que, por la gravedad del caso, implican cierta forma una cesión de los atributos absolutos de la soberanía.

Así, los organismos multilaterales como las NACIONES UNIDAS, asumen programas en cada uno de los espacios y problemas que nos afectan como sociedad de riesgo global. Algunos, muchas veces debajo de los estándares técnicos establecidos, otros, con proyecciones, mecanismos, conceptos e instituciones de avanzada. La responsabilidad penal de la persona jurídica es uno de ellos. Su abordaje en principio quiebra reglas básicas y principios, como es la presunción de inocencia o la imposición de una pena por un delito a quien no lo puede cometer, amén de nadar contracorriente histórica de un discurso jurídico tradicional que propugnó su irresponsabilidad penal, pues, sólo las personas físicas cometen delitos.

---

49 RODRÍGUEZ GARCÍA, N. "Decomisa que algo queda como estrategia dominante e influyente en los sistemas penales para poner freno a la sociedad incivil". en *Derecho y proceso: Liber Amicorum del profesor Francisco Ramos Méndez,* Barcelona, 2018, Atelier, Vol III. p. 2170.

50 Sobre la presunción de inocencia véase MORENO CATENA, V.M. "Sobre la presunción de inocencia", en *El proceso penal en la encrucijada: homenaje al Dr. César Crisóstomo Barrientos Pellecer,* Barcelona, 2015, Universitat Jaume I, p. 856-894.

Como se explicó *ut supra*, existen nuevos bienes jurídico-penales que poco han sido desarrollados por la legislación interna penal de muchos Estados[51]. Estas carencias, aunadas a la creciente tecnificación de la corrupción y sus patologías, la debilidad institucional de muchos Estados para controlar sus recursos fiscales y la violencia de ciertos grupos corruptos[52]; resuelven a pensar soluciones consensuadas a través del Derecho de los tratados internacionales, mejor conocido como compendio normativo de *ius cogens* (normas de Derecho internacional público de obligatoria obediencia, sin que pueda el Estado dispensar su acatamiento o reservarse el cumplimiento).

En nuestro caso, la concreción de la responsabilidad penal de la persona jurídica como institución sobre la cual se fundamenta el *Acuerdo de lenidad* no proviene de una ley soberana. Su introducción como concepto, si bien en doctrina al referirse al *common law* ya era debatido a raíz de la *Foreign Corrupt Practices Act*, no será sino hasta la irrupción del clima globalizador cuando se concrete en un instrumento multilateral como fue el CONVENIO DE la OCDE de 1997. Posterior a esa fecha, las NACIONES UNIDAS y sus múltiples órganos tecnificados, se han transformado en arietes de grandes dimensiones para prever cualquier instrumento o concepto que implique trastocar tradiciones jurídico-constitucionales soberanas que sólo sirven para amparar paraísos jurídico-penales.

Es por ello que, trabajaremos con dos de los documentos multilaterales que han reconocido la necesaria incorporación en los ordenamientos jurídicos nacionales la institución de la responsabilidad penal de las personas jurídicas. Sin entrar a revisar el maremágnum instrumental internacional, sólo nos referiremos en este ensayo al Convenio de la OCDE de lucha contra la Corrupción (OCDE97) y la CONVENCIÓN DE LAS NACIONES UNIDAS CONTRA LA CORRUPCIÓN (UNCAC) también conocida como la *Convención de Mérida 2003*.

---

51 SILVA SÁNCHEZ, J.M. ... *La expansión del Derecho penal...* 2011, p. 11.

52 RODRÍGUEZ GARCÍA, N. ... Decomisa que algo queda..., 2018, p. 2171.

1. *El Convenio de la OCDE de lucha contra la corrupción de agentes públicos extranjeros en las transacciones comerciales internacionales*

No vamos a abordar las particularidades sobre la responsabilidad penal de las personas jurídicas de forma exhaustiva en este libro, sino su reconocimiento para así fundamentar los *Acuerdos de lenidad* donde sólo aquellas pueden ser beneficiarias. Como indicamos, ha sido la proyección de la globalización la que ha catapultado una institución que era parte integrante del Derecho angloamericano desde 1977 con la LEY DE PRÁCTICAS CORRUPTAS EN EL EXTRANJERO DE LOS ESTADOS UNIDOS DE AMÉRICA[53]. Sin embargo, el resto del orbe ha asumido formalmente que las personas jurídicas también "delinquen y sufren consecuencias", posterior a la adopción del CONVENIO DE LA ORGANIZACIÓN DE COOPERACIÓN Y DESARROLLO ECONÓMICO DE LUCHA CONTRA LA CORRUPCIÓN (OCDE97).

Sin entrar a juzgar sobre los pormenores de la OCDE97 y su recepción[54] en los países que conforman dicho bloque económico, fue

---

53 Aunque puede verificarse antecedentes anteriores a 1977 en lo que se denomina "responsabilidad de la empresa" en los Estados Unidos. Para más detalles, véase NAGLE, L.E. y MACHADO DE SOUZA, R. *Tratado Anglo-Iberoamericano en Compliance Penal - Estados Unidos,* Valencia, 2020, Tirant Lo Blanch (para el momento en que cerramos esta edición, la obra se encuentra en imprenta, aunque pudimos revisar parte del libro).

54 Al respecto, véase RODRÍGUEZ GARCÍA, N. "La corrupción de funcionario público extranjero en el derecho penal chileno a la luz del Convenio de la OCDE de 1997: aspectos procesales", en *Chile en el club de los países desarrollados,* CHEYRE, J.E., OLIVARES TRAMÓN, J.M. y RODRÍGUEZ GARCÍA, N. (Coord.). Santiago de Chile, 2010, Ediciones de la Pontificia Universidad Católica de Chile, p. 115-144. BENITO SÁNCHEZ, D. "Soborno transnacional. Su tratamiento en el derecho penal español", *Iustitia,* N° 12, 2014, p. 11-40. ARIAS RODRÍGUEZ, J.M. "Algunas reflexiones sobre la política anticorrupción en la Unión Europea", *Diario La Ley,* N° 7989, 2012. DÍAZ ROMERO, C. "Norma-

este convenio el que consagró expresamente la responsabilidad de las personas jurídicas con un corte universal y concordado. Lo que no pudo materializar la dogmática penal tras siglos de debates en la era del Derecho moderno, si lo logra un organismo de naturaleza económica en razón de la persuasión que conlleva que todos aquellos países que la conforman establezcan cierto grado de homogeneidad respecto a los principios de política económica[55]. Con el OCDE97 se ratifica el papel que juega la economía en todas las esferas de la vida humana, hasta el punto de lograr enfrentar el viejo dogma de *societas delinquiere non potest,* muy arraigado en la tradición del Derecho penal en los sistemas continentales.

El CONVENIO OCDE DE LUCHA CONTRA LA CORRUPCIÓN DE AGENTES PÚBLICOS EXTRANJEROS EN LAS TRANSACCIONES COMERCIALES INTERNACIONALES contempla en su artículo 2 la responsabilidad como de la persona jurídica en fórmula de invitación, donde resalta, la expresión "las medidas que sean necesarias, de conformidad con sus principios jurídicos". Así, el tenor del dispositivo quedó:

> "(...) Artículo 2.
>
> Responsabilidad de las personas jurídicas.
>
> Cada Parte tomará *las medidas que sean necesarias*, de conformidad con sus principios jurídicos, para establecer la responsabilidad de las personas jurídicas por la corrupción de un agente público extranjero (...)" (cursivas nuestras)

---

tiva internacional en la lucha contra el fraude y la corrupción: Metodología y herramientas", *Revista internacional de transparencia e integridad,* N° 5, 2017. BERDUGO GÓMEZ DE LA TORRE, I. "El soborno internacional: Normas, obstáculos y propuestas", *Derecho & Sociedad,* N° 52, 2019, p. 165-181.

55 GOBIERNO DE ESPAÑA/MINISTERIO DE JUSTICIA, *Convenio de la OCDE de lucha contra la corrupción de agentes públicos extranjeros en las transacciones comerciales internacionales - Información para las empresas españolas con actividades en el extranjero.* Madrid, 2019, p. 7.

Esta consagración permite la otra arista que fundamenta la incorporación de la responsabilidad de las personas jurídicas en las legislaciones de los países que conforman la OCDE. Es enfático en calificar que los Estados deben otear todas las medidas que "sean necesarias de conformidad con sus principios jurídicos" ya que, al conformar diversos países la OCDE donde confluyen las grandes familias jurídicas (*common law* y *civil law*) hubiese sido una imprudencia la imposición del modelo de responsabilidad presente, por ejemplo, en los Estados Unidos hacia países como Chile, Colombia, México o España. La fórmula es un *numerus apertus*, que deja en la ponderación legislativa estatal, las diversas maneras cómo debería operar la figura que, por cierto, no es limitatoria a la responsabilidad penal, sino, abierta hacia sus diferentes manifestaciones.

El único problema que conlleva este convenio es que sólo es vinculante para aquellos Estados que conforman la OCDE. Sin embargo, al revisar la actividad desarrollada por sus grupos de seguimiento, se constata la eficiencia y eficacia del mismo[56], inclusive, en aquellas naciones extra-OCDE.

---

56 Reseña RODRÍGUEZ GARCÍA, N. y MACHADO DE SOUZA, R. ... El 'Acuerdo de lenidad'... 2019, p. 305, el papel activo de los grupos de trabajo de la OCDE. "(...) *El mecanismo de implementación de la Convención para combatir el cohecho de servidores públicos extranjeros en transacciones comerciales internacionales de la OCDE ha encontrado problemas en el actuar represivo en este ámbito en Brasil. Así, el Grupo de Trabajo contra el Soborno, a partir del trabajo del equipo de evaluadores externos, en la tercera fase de evaluación de implementación de la Convención apuntó la necesidad de que Brasil demostrara la adopción de medidas preventivas, medidas legislativas, capacitación y formación de los responsables, y medidas para incrementar la participación social. Además de eso, señaló que las leyes y reglamentos brasileños han sido aprobados en trámites legislativos sobrepuestos, hecho que dificulta enormemente la evaluación y el seguimiento de la implementación de las medidas en el ordenamiento jurídico* (...)".

2. *La Convención de las Naciones Unidas contra la Corrupción (UNCAC) y las Convenciones de Nueva York (1999) y Palermo (2000)*

Posterior a OCDE97, las NACIONES UNIDAS han implementado Tratados Internacionales donde han incorporado la responsabilidad penal de las personas jurídicas ya no tanto por la homogeneidad económica, sino por la magnitud global de las patologías delictuales en las que puede incurrir una persona jurídica que se desarrolle de forma lícita. Como indicamos, el gran peligro de la sociedad del riesgo global es su capacidad para penetrar funciones y demás mecanismos sociales lícitamente aceptados, y sacar de esas actividades, conductas ilícitas. En este renglón, citaremos dos de las más resaltantes Convenciones, UNCAC, Nueva York (1999) y Palermo (2000).

El primero -en orden cronológico- es la CONVENCIÓN DE NUEVA YORK de 1999 relativa al terrorismo[57]. En su artículo 5 se contempló:

"(...) Artículo 5.

1. Cada Estado Parte, de conformidad con sus principios jurídicos internos, adoptará las medidas necesarias para que pueda establecerse la <u>responsabilidad de una entidad jurídica</u> ubicada en su territorio constituida con arreglo a su legislación, cuando una persona responsable de <u>su dirección o control cometa, en esa calidad</u>, un delito enunciado en el artículo 2. Esa responsabilidad podrá ser penal, civil o administrativa.

---

[57] *Convenio de Nueva York, de las Naciones Unidas para la represión de la Financiación del Terrorismo,* de fecha 9 de diciembre de 1999. En Venezuela, su adaptación al Derecho interno operó con la sanción y promulgación de la Ley Aprobatoria del Convenio Internacional para la represión de la financiación del terrorismo, publicada en la Gaceta Oficial de la República Bolivariana de Venezuela (G.O.), N° 37.727 de fecha 08 de julio de 2003.

2. Se incurrirá en esa responsabilidad sin perjuicio de la responsabilidad penal de las personas físicas que hayan cometido los delitos.

3. Cada Estado Parte velará en particular porque las entidades jurídicas responsables de conformidad con lo dispuesto en el párrafo 1 estén sujetas a sanciones penales, civiles o administrativas eficaces, proporcionadas y disuasorias. Tales sanciones podrán incluir sanciones de carácter monetario (...)" (subrayado nuestro)

La Convención de Nueva York de 1999 agregará aspectos más precisos que OCDE97, sobre todo, en dos notas que justificarán la adopción de *Acuerdos de Lenidad* en los casos donde sea aceptable aplicarlos, pues, sabemos que el terrorismo es uno de los delitos donde cualquier negociación procesal se encuentra en principio vedadas. Estas notas son:

* *La mención expresa de la responsabilidad penal de la "entidad jurídica"* como emplea el lenguaje del tratado. Así, se traslada todo el concepto que se ha elaborado desde la modernidad jurídico-penal con respecto a la responsabilidad penal de la persona física.

* *El cómo y quién establece el nexo para hacer de la persona jurídica un sujeto responsable penalmente*, cuando señala que personas de "su dirección o control" en nombre de la empresa, actúen.

De la misma manera que la Convención de Nueva York sobre terrorismo, la denominada CONVENCIÓN DE PALERMO CONTRA LA DELINCUENCIA ORGANIZADA TRASNACIONAL[58], reconoce esta respon-

---

[58] *Convención de Palermo de las Naciones Unidas contra la Delincuencia Organizada Transnacional,* de fecha 15 de noviembre de 2000. En Venezuela, su adaptación al Derecho interno operó con la sanción y promulgación de la Ley Aprobatoria de la Convención de las Naciones Unidas contra la Delincuencia Organizada Transnacional, publi-

sabilidad penal de las personas jurídicas, introduciendo elementos que enriquecerán los ya planteados por la Convención de Nueva York supra analizada. Así, Palermo contempla la responsabilidad de entes jurídicos en el siguiente tenor:

> "(...) Artículo 10. Responsabilidad de las personas jurídicas.
>
> 1. Cada Estado Parte adoptará las medidas que sean necesarias, de conformidad con sus principios jurídicos, a fin de establecer la responsabilidad de personas jurídicas por participación en delitos graves en que esté involucrado un grupo delictivo organizado, así como por los delitos tipificados con arreglo a los artículos 5, 6, 8 y 23 de la presente Convención.
>
> 2. Con sujeción a los principios jurídicos del Estado Parte, la responsabilidad de las personas jurídicas podrá ser de índole penal, civil o administrativa.
>
> 3. Dicha responsabilidad existirá sin perjuicio de la responsabilidad penal que incumba a las personas naturales que hayan perpetrado los delitos.
>
> 4. Cada Estado Parte velará en particular por que se impongan sanciones penales o no penales eficaces, proporcionadas y disuasivas, incluidas sanciones monetarias, a las personas jurídicas consideradas responsables con arreglo al presente artículo (...)" (subrayado nuestro)

Nótese la frase "medidas que sean necesarias" que se repite no sólo en la Convención de Palermo sino en otras ya analizadas. Allí no sólo entran aspectos de legislación sustantiva, sino también, procesales que como indica el numeral 4, buscan la imposición de "sanciones penales o no penales eficaces, proporcionadas y disuasivas".

---

cada en la Gaceta Oficial de la República Bolivariana de Venezuela (G.O.), N° 37.357 de fecha 04 de enero de 2002.

En los convenios anteriores analizados donde se reconoce la responsabilidad penal de la persona jurídica, es claro que por la tipología de delitos cualquier medida que implique una ventaja procesal debe sopesarse con sumo cuidado. Sin embargo, más allá de estas limitantes, existe la culminación multinacional por concebir un instrumento rector internacional. Hacemos referencia al tratado conocido como la *Convención de Mérida*[59], aunque oficialmente es la CONVENCIÓN DE LAS NACIONES UNIDAS CONTRA LA CORRUPCIÓN[60].

El documento internacional vinculante, si bien no es el más acabado, busca orientar a los legisladores nacionales para introducir nuevas tendencias del tema debatido internacionalmente, sea para prevenir o reprimir[61]. Nunca podría concebirse las regulaciones de los tratados para ser copiados íntegramente por nuestros legisladores, ya que, el proceso de adopción y conversión en Derecho interno implica muchas veces polémicas como las que revisaremos en la segunda parte de este libro al estudiar el *Acuerdo de Lenidad* frente a los principios constitucionales. Por otra parte, la técnica de elaboración de estos Convenios busca una cooperación activa entre los Estados para no sólo adoptar figuras como la res-

59 *Convención de las Naciones Unidas contra la Corrupción,* de fecha 31 de octubre de 2003.

60 Véase VÁZQUEZ-PORTOMEÑE SEIJAS, F. "La lucha contra la corrupción en la agenda internacional: algunas reflexiones sobre el ámbito y contenidos de la Convención de las Naciones Unidas contra la Corrupción", *en Represión penal y estado de derecho: homenaje al profesor Gonzalo Quintero Olivares,* Pamplona, 2018, Aranzadi, p. 1081-1094. En Venezuela, véase VARGAS, E. "La lucha contra la corrupción en la agenda regional e internacional. Las convenciones de la OEA y ONU", *Nueva Sociedad,* N° 194, 2004, Caracas, p. 133-148. OFICINA DE LAS NACIONES UNIDAS CONTRA LA DROGA Y EL DELITO. *Acción mundial contra la Corrupción. Los documentos de Mérida,* Viena, 2005, Naciones Unidas.

61 RODRÍGUEZ GARCÍA, N. ... Decomisa que algo queda..., 2018, p. 2173.

ponsabilidad penal, sino también, para su análisis y actualización periódica como los niveles de implementación[62].

La Convención de las Naciones Unidas contra la Corrupción (UNCAC 2003), contempla en su artículo 26 la responsabilidad de las personas jurídicas muy similar a la redacción de la Convención de Palermo. Veamos:

> "(...) Artículo 26. Responsabilidad de las personas jurídicas.
>
> 1. Cada Estado Parte adoptará las medidas que sean necesarias, en consonancia con sus principios jurídicos, a fin de establecer la responsabilidad de personas jurídicas por su participación en delitos tipificados con arreglo a la presente Convención.
>
> 2. Con sujeción a los principios jurídicos del Estado Parte, la responsabilidad de las personas jurídicas podrá ser de índole penal, civil o administrativa.
>
> 3. Dicha responsabilidad existirá sin perjuicio de la responsabilidad penal que incumba a las personas naturales que hayan cometido los delitos.
>
> 4. Cada Estado Parte velará en particular por que se impongan sanciones penales o no penales eficaces, proporcionadas y disuasivas, incluidas sanciones monetarias, a las personas jurídicas consideradas responsables con arreglo al presente artículo. (subrayado nuestro) (...)"

A diferencia de los delitos de terrorismo o los vinculados a la delincuencia organizada, en los delitos de corrupción, existe una propensión a cometerlos con cierta "lenidad". Como bien indica la redacción del numeral 1 del artículo 26 de la UNCAC, la responsabilidad de las personas jurídicas en este tipo de delitos se verifica no tanto porque practiquen la corrupción sistemática dentro de la orga-

---

62 Rodríguez García, N. ... Decomisa que algo queda..., 2018, p. 2174.

nización o éstas sean entes corruptos. Su responsabilidad deviene del ámbito de las acciones empresariales donde siempre existirá el cumplimiento de procedimientos administrativos autorizatorios (Vgr. obtención de licencias para operaciones, certificaciones, permisos aduanales, arancelarios, y otras modalidades de control) decididos por la Administración Pública.

De allí que, como indica la UNCAC, la persona jurídica es responsable por "participar" en un acto de corrupción (generalmente como corruptora), en la formación de los acuerdos corruptos donde evidentemente la empresa obtendrá sus ganancias legítimas pero autorizadas con ciertos actos ilícitos. A esta situación, se le adiciona el agravante en que los delincuentes corruptos procuran con frecuencia ocultar el producto, los instrumentos y pruebas del delito en más de una jurisdicción, aprovechando la máxima movilidad que otorga los medios de transporte y las ventajas informáticas de nuestros días.

Es por ello, que muchas veces, quedaban congeladas las investigaciones por hechos de corrupción, en razón que, el principal o principales sindicados habían huido hacia otras jurisdicciones donde ni siquiera exista convenio de extradición. Muchas veces, estas "huidas" son propiciadas por sociedades mercantiles lícitas que "participan" de acuerdos corruptos, donde emplean hasta bienes propios de la empresa para facilitar los lobbies de escape, creados por redes lícitas donde operan desde políticos hasta inclusive funcionarios del poder judicial.

Por otra parte, la redacción del artículo 26 abre la posibilidad para que en el proceso de ponderación[63] por los legisladores nacio-

---

63 Sobre el tema de la ponderación de bienes e intereses por el legislador, véase RODRÍGUEZ DE SANTIAGO, J.M. *La ponderación de bienes e intereses en el derecho administrativo,* Madrid, 2000, Marcial Pons. PAREDES CASTAÑÓN, J.M., *El riesgo permitido en el Derecho penal. (Régimen jurídico-penal de las actividades peligrosas).* Madrid, 1995, Ministerio de Justicia e Interior. Centro de Publicaciones, p. 483 y ss. GARCÍA FIGUEROA, A.J. *Neoconstitucionalismo y ponderación,* en:

nales, estimen otros bienes o intereses jurídicos protegidos más allá de la corrupción como, por ejemplo, medidas de resarcimiento por daños ambientales o destrucción de mercados locales. De esta forma, la UNCAC abre las puertas para que la responsabilidad penal de la persona jurídica supere su genética originaria de evidente controversia, sobre todo, en la esfera procesal[64]. Esto nos lleva necesariamente a la revisión del espacio donde tiene cabida el Acuerdo de lenidad: *el proceso penal para la determinación de responsabilidad penal de la persona jurídica que ha "participado" en la formación, creación o ejecución de un acuerdo corrupto.*

III. LOS CAMBIOS INTRODUCIDOS EN EL PROCESO PENAL: LAS INVESTIGACIONES DEL SISTEMA DE COMPLIANCE COMO MECANISMO AUXILIAR DE LA JUSTICIA PENAL EN LOS CASOS DE CORRUPCIÓN

Como bien lo indicamos en el título del presente ensayo, acometimos la tarea de visualizar los *Acuerdos de Lenidad* no tanto por su versatilidad sustantiva que ha impactado espacios ajenos a su origen, como es la esfera penal. Su verdadera función estriba en el proceso penal como una de las instituciones de típica naturaleza adjetiva que

---

Ponderación y derecho administrativo, Madrid, 2009, Marcial Pons, p. 73-97.

64 Al respecto, véase NICOLÁS RODRÍGUEZ, P. y HERNÁNDEZ DÍAZ, L. (Dir.), *La justicia en la era de la globalización. Una aproximación desde diferentes ramas del Derecho.* Bilbao, 2018, Universidad del País Vasco. También, véase BARONA, S. "La persona jurídica como responsable penal, parte pasiva en el proceso penal y parte en la mediación penal en España" en ONTIVEROS ALONSO, M. (Coord.) *La responsabilidad penal de las personas jurídicas,* Valencia, 2014, Tirant Lo Blanch. SÁNCHEZ, A. *Jurisdicción universal Penal y Derecho Internacional,* Valencia, 2004, Tirant Lo Blanch. GÓMEZ ISA, F. (Coord.), ENCISO SANTOCILDES, M (Cood.) y EMALDI CIRIÓN, A. (Coord.) *Globalización y derecho. Desafíos y tendencias,* Bilbao, 2013, Universidad de Deusto.

cumple el esfuerzo por reconocer la efectividad de las investigaciones privadas en el sistema de *compliance* y su aplicación en el proceso penal de conformidad con el principio de oportunidad, tal como lo analizaremos en la segunda parte cuando abordemos la naturaleza jurídica de estos acuerdos.

Los *Acuerdos de Lenidad* más allá de ser revestidos con el ropaje como típicos convenios contractuales, encierran tres aportes al sistema integral de *compliance* dentro de estas nuevas dinámicas globalizadoras a las que hicimos mención en las páginas precedentes, y que encuentran en la responsabilidad penal de las personas jurídicas, su fundamento.

Primero, uno de los contenidos de los Acuerdos está vinculado a la concreción de procedimientos de investigación sobre actos ilícitos dentro de la empresa y de cómo ésta se relacionó con entes y funcionarios de la Administración Pública, bien sea para aplicarlo durante la sustanciación de un proceso penal en su contra, o bien, como punto de partida -o de corrección- en la elaboración del programa de complianza. Por ello, es importante resaltar este valioso aporte y comprender la magnitud de las conductas racionales y cálculo de costes que pudo haberse efectuado antes de la realización de los actos lesivos, sobre todo, si éstos son vinculados a los tipos penales que, precisados en la legislación anticorrupción, sobresaliendo el cohecho.

Segundo, si bien esta complianza se yergue -como indica FERNÁNDEZ AJENJO-, como un "paraguas de ética corporativa"[65], su verdadera efectividad opera cuando a la empresa se le somete a juicio por presuntos delitos. Esta efectividad está dada por su reconocimiento en el sistema formal de justicia, que se introduce, con el principio de oportunidad procesal. Este último se le conoce también

---

65 FERNÁNDEZ AJENJO, J.A. *Tema 1. Compliance, medidas antifraude y evaluación de riesgo en el sector público,* Salamanca, 2020, Apuntes del Módulo VIII, Parte III del programa Máster On line Iberoamericano en Compliance, p. 2.

como el de "discrecionalidad" de aceptar o no instrumentos que permitan reconocer dónde y cómo operó la lógica racional que alimentaría a los acuerdos corruptos que se enjuician. En pocas palabras, citando a RODRÍGUEZ-GARCÍA, el principio de oportunidad abrirá las puertas para las manifestaciones de justicia negociada como un "remedio mágico que puede resolver las limitaciones e incapacidades del principio de legalidad"[66].

Tercero, aceptar un *Acuerdo de Lenidad* facilitaría el reconocimiento de procedimiento de controles privados dentro del sistema de control público, inclusive, en las investigaciones que pudieran estar sustanciando los órganos de control fiscal. Si el Acuerdo lleva consigo un procedimiento más expedito y efectivo que ahorre costos al Estado en la investigación, evidentemente sería un contrasentido desconocerlo por el simple hecho que proviene de una empresa objeto de un procedimiento criminal. Por ello, si el *Acuerdo de Lenidad* se cumple, debe otorgarse la reducción o la exención de las sanciones[67], para que posteriormente, se concrete lo que la OCDE denomina *Programas de Clemencia (Leniency Programmes)*[68].

---

66 RODRÍGUEZ-GARCÍA, N. "Uso y abuso del principio de oportunidad en el proceso penal del siglo XXI", en *Política criminal ante el reto de la delincuencia transnacional.* Pérez Cepeda, A.I. (Dir.) Valencia, 2016, Universidad de Salamanca-Tirant Lo Blanch, p. 309.

67 RODRÍGUEZ GARCÍA, N. y MACHADO DE SOUZA, R. ... El 'Acuerdo de lenidad'... 2019, p. 361.

68 Sobre los *Leniency Programmes,* véase https://www.oecd.org/daf/competition/markers-in-leniency-programmes.htm Es importante destacar la diferencia entre lo que es el Acuerdo de Lenidad (propio de la legislación anticorrupción del Brasil) y los programas de lenidad o también conocidos como programas de clemencia implementados por la OCDE para producir un potencial aumento de la responsabilidad de manera indirecta, tal como indica en su portal web relativo a estos programas "(...) *Markers can therefore be seen as a mechanism to spur the race for leniency by reducing the initial barriers to entry into the leniency programme and by providing transparency and predicta-*

Estos tres aportes los revisaremos con detenimiento en el marco de esta primera parte relativa al contexto en los cuales se fundamentan estos *Acuerdos de Lenidad* que estudiaremos con más detenimiento en las páginas sucesivas.

1. *La corrupción como conducta racional y sus costos*

Como ha señalado el Premio Nobel de Economía, GARY BECKER -citado por TABLANTE y MORALES-, los agentes corruptos "analizan la relación entre costos por la práctica de la corrupción, los beneficios financieros, así como la probabilidad de eventual prisión y devolución de las ganancias ilícitas"[69]. Generalmente estos costos son sugeridos por el corruptor, quien recibirá a cambio el visto bueno para sus operaciones económicas, comerciales, de servicios, industriales o de cualquier índole dentro del giro económico lícito.

---

bility to parties regarding their leniency status (first-in, second-in, etc.). At the same time, commentators have noted that there are differences in marker policies across jurisdictions with respect to their availability, the information requirements, timing, and scope, which may dis-incentivise companies engaged in international hard-core cartels from using the leniency programmes. (...)". En 2014 la OCDE puso en marcha unas guías o "marcadores" para la concreción de estos programas que según este organismo, aproximadamente el 95% del total de los 14.900 millones de dólares obtenidos por sanciones a personas jurídicas, provino de a través de acuerdos. Para más detalles, véase OECD. *Resolving Foreign Bribery Cases with Non-Trial Resolutions: Settlements and Non-Trial Agreement by Parties to the Anti-Bribery Convention.* 2019, en: www.oecd.org/corruption/Resolving-Foreign-Bribery-Cases-with-Non-Trial-Resolutions.htm

69 TABLANTE, C. y MORALES, M. *Impacto de la corrupción de los derechos humanos,* México, 2018, Instituto de Estudios Constitucionales de Querétaro, pp. 113-114. Además, vale la pena señalar que los autores en referencia resaltan el resultado de varias entrevistas realizadas en Sao Paulo (Brasil), hacia convictos por delitos de asalto a bancos, quienes manifestaron "sentir pánico por quedarse pobres y sin el botín a ser arrestados en la frustración del robo".

La corrupción, como estudiamos en otra oportunidad[70], no es propia de personas irracionales[71]. Al contrario. Su presencia e intensidad dependerá de la capacidad racional para tomar decisiones en base a la ecuación utilitaria de ganancias y costes, pues, más que "niveles de corrupción", lo que existe es corrupción organizada o caótica. Buena parte de dichos cálculos son generalmente aportados al corrupto por la empresa "corruptora" que busca beneficiarse lo más pronto posible, sea obteniendo un beneficio económico directo de las administraciones públicas (contratos, subvenciones, etc.), sea para conseguir un acto administrativo autorizatorio en plazos más abreviados que los legalmente establecidos o saltándose de cualquier impedimento para otorgarlos.

Por ello, más allá de la implementación de formas severas en las penas, lo fundamental para un sistema sancionador eficaz será aquel que incremente los costes de la sanción, hasta el punto de superar las utilidades esperadas por la conducta ilícita[72]. Y muchas veces para

---

70 Para más detalles véase JIMÉNEZ TAPIA, R.S. y URBINA MENDOZA, E.J. *El comiso autónomo y la extinción de dominio en la lucha contra la corrupción,* Caracas, 2020, Ediciones de la Biblioteca "Dr. Allan R. Brewer-Carías" del Instituto de Investigaciones Jurídicas de la Universidad Católica Andrés Bello, N° 3 - Editorial Jurídica Venezolana.

71 RODRÍGUEZ LÓPEZ, F. *Análisis económico de la corrupción,* Salamanca, 2019, documentación aportada para el Bloque II, Unidad 1 del Máster Iberoamericano sobre Políticas Anticorrupción, pp. 1-2.

72 *Ibídem.* Debemos resaltar también lo que apunta SANTANDER ABRIL, G. "La emancipación del comiso del proceso penal: su evolución hacia la extinción de dominio y otras formas de comiso ampliado", en *Combate del Lavado de Activos desde el Sistema Judicial,* Washington D.C., 2017, Ediciones de la Organización de Estados Americanos (OEA) - Departamento contra la Delincuencia Organizada Trasnacional, 5ta edición, pp. 430 sobre el gran terror que le causa a los delincuentes económicos "perder las utilidades provenientes del delito" más que la privación de libertad. En efecto: "(...) *Esta problemática también lleva a reconocer que desde la perspectiva de las ganancias ilícitas, la pena de prisión no está cumpliendo eficientemente con sus*

conseguir este "número mágico", nada mejor que sea el corruptor quien lo aporte, en este caso, la empresa misma. Quizá es una de las funciones de los *Acuerdos de Lenidad* más allá de las consecuencias procesales directas relativas a la extinción o atenuación de la acción penal en su contra. Esta función está en revelar parte de los costos de corrupción que muchas veces se mantienen "secretos" por ser una característica esencial de los acuerdos corruptos.

Entonces, si partimos que la corrupción en su núcleo duro es el "(...) *abuso del poder público en beneficio privado* (...)"[73], dicho atropello implica unos mecanismos y formas aglutinadas en un proceso -muchas veces complejo-, que pueden englobarse en la terminología de BOEHM y GRAFF[74] como "Acuerdos Corruptos".

---

fines disuasivos, pues ante los altos niveles de impunidad patrimonial que predomina en la mayoría de los países, esta tradicional pena solo suele generar los efectos contrarios, pues a pesar que el delincuente cumpla físicamente con una condena que el Estado le impone, si no se le priva de sus ganancias ilícitas, cumplida la pena podrá salir a disfrutarlas, lo que en últimas ejerce un efecto gratificante de su proceder antisocial, con el agravante de que en la mayoría de legisladores no se prevé un procedimiento que permita perseguir los bienes ilícitos más allá de los límites del proceso penal, reafirmando así la funesta idea de que delinquir "si vale la pena" (...)".

73 Definición asumida por el Banco Mundial. Para más detalles, véase TANZI, V. "Corruption around the world. Causes, consequences, scope and cures", *International Monetary Fund Staff papers,* N° 4, Vol. 45, 1998, p. 564. También, a los efectos de entender la preocupación de las organizaciones supranacionales para logran un consenso sobre el concepto de corrupción, véase PARLAMENTO EUROPEO. *Resolución del Parlamento Europeo de fecha 11 de junio de 2013, sobre la delincuencia organizada, la corrupción y el blanqueo de dinero: recomendaciones sobre las acciones o iniciativas que han de llevarse a cabo (Informe provisional) (2012/2117 (INI)),* aparte 4.

74 BOEHM, F. y GRAF LAMBSDORFF, J. "Corrupción y anticorrupción: una perspectiva neo-institucional", *Revista de Economía Institucional,* Vol. II, N° 21, 2009, p. 47-50.

Estos deben entenderse como, de conformidad con lo analizado por estos autores:

> "(...) es un contrato a la sombra de la ley, secretos, de acceso limitados y profesionales (...)

Esto denota varios componentes calificados que a pesar de ser ilegales, perfectamente pueden enmarcarse dentro de la teoría clásica del negocio jurídico, que son sujetos, objeto y causa. Como negociación -que se potencia riesgosamente al estar al margen de la ley y no contar con mecanismos para su exigibilidad judicial- requiere de las más refinadas formas racionales conocidas, pues, como bien lo indica MARCH POQUET, pueden ser explicadas bajo la *teoría de la elección racional* (TER)[75].

Según esta tesis, todo sujeto dentro de una negociación corrupta busca maximizar su poder y minimizar su sufrimiento, lo que incluye, oportunidades, costos y beneficios como en cualquier contrato legal que se suscriba. Éstos son casi ofrecidos "a la carta" por el ente corruptor, en este caso, las empresas que pueden verse inmiscuidas para facilitar los procesos que están en manos de las administraciones públicas. Es más, la empresa al tener todo un sistema procedimental contable y de costos, facilitaría al corrupto las maneras para eludir controles preceptivos fiscales. La única diferencia estriba en que, si se evidencia el contrato ante el sistema jurídico, conllevaría necesariamente a sanciones de múltiples formas y dimensiones.

Como nadie busca ser sancionado, es decir que en toda elección racional, ninguna persona en sus cabales persigue que lo penalicen. Entonces, se perfeccionan instrumentos y procedimientos para obtener la mayor cantidad de ganancias posibles, inclusive, más allá de lo razonable porque subyace en el imaginario criminal que es muy plausible que sea frustrado el delito, y por tanto, no se materialice el

---

75 MARCH POQUET, J.M. "Economía Pública y corrupción. Una ordenación de las propuestas anticorrupción", *Revista de Economía Pública, Social y Cooperativa,* N° 91, 2017, pp. 273. En siguiente esquema refleja la funcionalidad de la TER propuesto por POQUET: (véase próxima página).

"próximo golpe". Esto ha sido práctica en casi todo el planeta, hasta el punto que, la propia UNCAC reconoce su combate en todas las perspectivas posibles[76], más allá de la esfera punitiva.

En la lucha contra la corrupción, atendiendo que existen estos acuerdos corruptos, se ataca todos los aspectos de la ecuación que van desde la elección previa del agente hasta una política criminal omnicomprensiva sobre las penas, los guardianes y todos los aspectos que van desde el *compliance* hasta la cooperación internacional.

Nos interesa para el objeto del presente libro relativo a los *Acuerdos de Lenidad*, la capacidad de éstos últimos en transformarse como un instrumento y a la vez estrategia de *encarecer los costes.* Aquellos facilitarán no solo el aporte en investigaciones penales, sino también, para comprender la lógica del "corruptor" que se beneficia y de cómo esta lógica facilita la concreción de un espacio para los acuerdos corruptos.

2. *El principio de oportunidad, el encarecimiento de los costos de la corrupción y la fundamentación por el compliance en los mecanismos de investigación creados para precisar la responsabilidad penal de las personas jurídicas*

Como indicamos en los párrafos anteriores, los *Acuerdos de Lenidad* no son obra exclusiva de una política criminal determinada

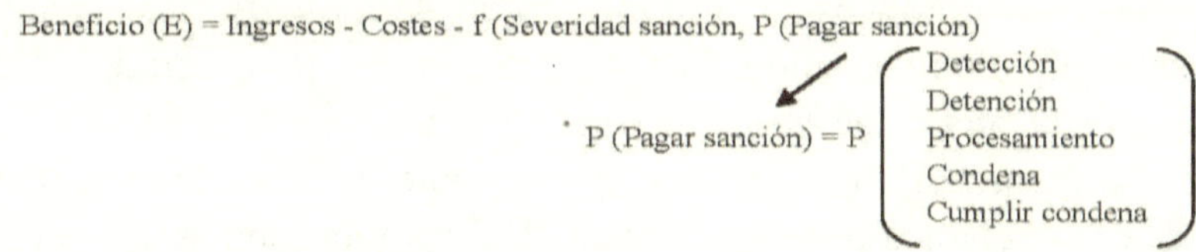

[76] Vale la pena citar lo que establece uno de los párrafos del preámbulo de la UNCAC: "(...) *Preocupados asimismo por los casos de corrupción que entrañan vastas cantidades de activos, los cuales pueden constituir una porción importante de los recursos de los Estados, y que amenazan la estabilidad política y el desarrollo sostenible de esos Estados* (...)".

por el Estado brasilero. Su desarrollo deviene de todo un marco global, donde los riesgos, asumen también dimensiones de difícil resolución a través de los mecanismos clásicos de soberanía estatal. Por otra parte, la evolución de la dogmática penal impulsada por los Convenios internacionales a los que hicimos mención (OCDE97, UNCAC), ha permitido la implementación de instituciones heterodoxas y sistemas nuevos, como son la responsabilidad penal de las personas jurídicas y el *compliance*.

Ahora bien, como indicamos, los *Acuerdos de Lenidad* no tendrían mayor impacto si aquellos se limitaran sólo a la esfera de los entes negociadores, es decir, de la sociedad mercantil involucrada en fraudes y el órgano de la Administración pública lesionada. La relevancia de los acuerdos ocurrirá en su reconocimiento procesal en juicios de naturaleza criminal. Tendríamos resultados previsiblemente magros si no vinculamos el acuerdo con un proceso penal, ya que, será en la jurisdicción donde pueda cumplir sus funciones, incluyendo, la capacidad y efectividad de las investigaciones probatorias diseñadas, aprobadas y ejecutadas en el marco del Acuerdo. Además, sin la vigilancia judicial, poco o nada haría la empresa por aprovechar el contenido de dichos Acuerdos para entonces cumplir el compromiso con la ejecución de un programa de complianza con efectos *ex nunc*.

3. *La integración del Acuerdo de Lenidad y el proceso penal*

Visto así entonces, ¿cómo integro un *Acuerdo de lenidad* suscrito entre la Administración Pública y la empresa involucrada si aquél responde a una relación de naturaleza administrativa dentro de un proceso penal? Parece un cuestionamiento prácticamente sin respuesta si apelamos a las divisiones clásicas y esquemas epistemológicos que nos ha acostumbrado el Derecho penal liberal. Más bien, para un lector desprevenido, presentar una pregunta de este calibre pudiera conllevar otras inquietudes más complejas, como por ejemplo: ¿cómo saber si tras un *Acuerdo de lenidad* no estaríamos más bien introduciendo una nueva tipología de acuerdo corrupto, tal como lo explicamos en el subepígrafe anterior? o bien, ¿Quién puede hacer cumplir coactivamente un Acuerdo a una sociedad mercantil, partiendo que ésta ha pagado multas o sanciones económicas (resarcimiento), pero, se olvida de concretar -*ex nunc*- un programa de *compliance* integral?

Sin entrar en valoraciones más precisas y profundizadas, es conteste en la doctrina comparada, indicar que el proceso penal tal como fue concebido tras el constitucionalismo moderno, no se ajusta en un principio al concepto de responsabilidad penal de las personas jurídicas[77]. Por tanto, ha debido sufrir un ajuste a través de la reinterpretación de los principios procesales más destacados, sobresaliendo, el denominado *principio de oportunidad.*

El principio de oportunidad, también conocido como "discrecionalidad judicial", implica la probabilidad cierta de establecer alternativas ante la continuación de un juicio penal[78]. Este principio autoriza a los órganos encargados de perseguir el delito, como es el caso de los Ministerios Públicos Fiscales, para abstenerse[79] en la acusación o investigación de ciertos imputados en un proceso penal. Abstención que no es absolutamente discrecional, sino que

---

77 Sobre el proceso penal y la responsabilidad penal de las personas jurídicas, véase GASCÓN INCHAUSTI, F. *Proceso penal y persona jurídica.* Madrid, 2012, Marcial Pons. ARROYO ZAPATERO, L. y NIETO MARTÍN, A. *El Derecho Penal Económico en la era compliance.* Valencia, 2013, Tirant Lo Blanch. BOCK, D. *Criminal Compliance,* Nomos, 2011. BACIGALUPO, E. *Compliance y Derecho Penal,* Pamplona, 2011, Thomson-Reuters-Aranzadi.

78 Véase MORENO BRANDT, C. "El procedimiento en la Ley contra la Corrupción", en *Comentarios a la Ley contra la Corrupción,* Caracas-Valencia, 2008, Vadell Hermanos Editores, p. 172-173.

79 PÉREZ SARMIENTO, E.L. *Manual de Derecho Procesal Penal.* Caracas-Valencia, 2011, Vadell Hermanos Editores, p. 90.

podrá alegarse en determinados casos y bajo parámetros generalmente contemplados en la leyes[80].

En este punto existe cierta inclinación por arropar los motivos del principio de oportunidad en razón del concepto de arrepentimiento, premiando[81] el aporte "decisivo" de quien asuma su culpabilidad. Ahora bien, si revisamos con detenimiento, los *Acuerdos de Lenidad* pudieran alimentarse de dicha motivación más sin embargo, al revisar los alcances de los mismos, su introducción en un proceso penal va más allá del arrepentimiento de una compañía que procura mantener limpio su buen nombre comercial, y por tanto, como apunta NIETO MARTÍN, verse sometida a un proceso penal que implique "perdidas patrimoniales" en los negocios[82]. Su funcionalidad está estrechamente entrelazada con otros objetivos, más cercanos a los cometidos públicos que a loables "perdones" por la confesión, entre los que sobresale, la obligación de reparar el daño al Estado[83] que tienen las personas jurídicas sometidas a los acuerdos.

---

80 Aunque muchas veces estos parámetros están previstos en los instructivos de los máximos jerarcas, como ocurre en la Fiscalía norteamericana con los Acuerdos de los *Non Prosecution Agreement* (NPA) y los *Deferred Prosecution Agreement* (DPA). El Departamento de Estado ha creado, desde 1999, "guidelines" que deben acogerse los Fiscales antes de plantear un NPA o DPA. Véase *United States Attorney's Manual* § 9-16-325 "Plea Agreements, Deferred Prosecution Agreements, Non-Prosecution Agreements and "Extraordinary Restitution". En: https://www.justice.gov/jm/jm-9-16000-pleas-federal-rule-criminal-procedure-11#9-16.325

81 Al respecto, véase FERNÁNDEZ AJENJO, J.A. "Estatus axiológico de la directiva de protección al denunciante", *Revista Administración & Ciudadanía EGAP,* Vol. 15, N° 1, 2020, p. 241-264.

82 Véase NIETO MARTÍN, A. *Manual de Cumplimiento penal en la empresa.* Valencia, 2015, Tirant Lo Blanch. Hemos consultado esta obra bajo el Documento TOL4.678.308 del programa de Compliance Internacional, 2020, p. 16.

83 FRIDRICZEWSKI, V. "Acuerdos de lenidad en Brasil" ... 2020, p. 107.

Los *Acuerdos de Lenidad* interesan más al Estado porque tras su carácter de confidencialidad, la empresa se abre a sus más íntimos procesos negociales que implican cómo funciona la lógica del corruptor. Y si se conocen los entresijos mercantiles que alimentaron al acuerdo corrupto, enmarcándonos en el "ciclo del fraude" que explicamos en la introducción de este libro, la etapa de corrección (recuperación de importes recibidos, la interposición de acciones penales o sancionatorias, según sea el caso, y el *feedback* de los procedimientos) a los sistemas de *compliance* se tornan más efectivos, buscando "encarecer" los costes de la corrupción y la detección a futuro de los riesgos a la que hicimos referencia en el subepígrafe anterior.

De allí que indiquemos que no es suficiente interpretar el principio de oportunidad procesal con la clásica óptica de "premiar a quien se arrepiente", sino, de exigirle primero al que se lamenta que muestre todos los procedimientos, cálculos, directivas empresariales y artimañas presuntamente lícitas que facilitaron, prepararon y ejecutaron los actos fraudulentos para evitar su ocurrencia en el futuro, y que además el Estado, pueda aprender y así enriquecer su experiencia en materia de persecución a la corrupción.

Como bien afirman RODRÍGUEZ GARCÍA y MACHADO DE SOUZA[84], los *Acuerdos de Lenidad* responden también al replanteamiento de las instituciones procesales básicas en razón de la cada vez más compleja actividad económica que abre el compás también a un entramado delincuencial de la misma naturaleza más tecnificado y acorde con la racionalidad económica.

Con el *Acuerdo de Lenidad* las investigaciones consecuentes del mismo impactarán positivamente en el mejoramiento de los sistemas de prevención y control interno de las empresas, incluyendo, los previstos en el sistema de control fiscal formal. Por ejemplo, si una Corporación trasnacional en materia de software, suscribe un *Acuer-*

---

84 RODRÍGUEZ GARCÍA, N. y MACHADO DE SOUZA, R. ... El 'Acuerdo de lenidad'... 2019, p. 297.

do de Lenidad en razón que tras su actividad empresarial facilitó la concreción de fraude a la Administración Pública a través de artilugios informáticos, la investigación a la cual se acordó, facilitará y ahorrará costos al Estado mismo, tanto cuantificables económicamente como en tiempo y recurso humano, permitiendo la adopción de medidas y obtención de evidencia probatoria para la detección de las debilidades en el control formal de la administración pública, seguido de medidas judiciales y disciplinarias (separación o amonestación de los funcionarios públicos implicados), así como también de no repetición y reparación a la víctima, lo cual implica cumplir con uno de los propósitos fundamentales que busca todo sistema de control formal y es que "el crimen no paga" y a su vez no valga la pena delinquir.

Recapitulando, volviendo a plantearnos la pregunta que abrió este subepígrafe, la integración de los *Acuerdos de Lenidad* en un proceso penal pudiera darse en dos hipótesis. La primera, que implique reconocer en un Estado diferente a Brasil, los Acuerdos celebrados en la nación carioca y aprovechar el caudal probatorio para enjuiciar a la persona jurídica. La segunda, y quizá sea la más compleja, opera en línea contraria. Esto quiere decir cómo aprovechar un *Acuerdo de Lenidad* suscrito en Brasil para la ejecución o sustanciación de una investigación debidamente decidida en el país donde no contempla el Acuerdo, pero solicitada al Brasil. Ambas hipótesis las trabajaremos en la segunda parte del presente libro, puesto que, necesitamos adentrarnos conceptualmente qué son los Acuerdos, así como sus características, naturaleza jurídica, tipología y demás componentes propios derivados de concebirlos genuinos "negocios jurídicos bilaterales sinalagmáticos".

SEGUNDA PARTE:

LOS ACUERDOS DE LENIDAD Y SU FUNDAMENTO EN EL PRINCIPIO DE OPORTUNIDAD DEL PROCESO PENAL

En la primera parte analizamos el clima y aquellos condicionantes que facilitaron el ambiente propicio para la expansión de los *Acuerdos de Lenidad*, éstos últimos, creación originaria de la legislación antimonopolio de Brasil[85] y proyectada dos décadas después en la *Lei Anticorrupção* de la nación carioca. Como indicamos, su sobredimensionamiento en cuanto a su teleología original se debe a múltiples factores y procesos globales que confluyeron desde la caída del muro de Berlín y las cada vez más sutiles técnicas de la delincuencia económica, que hemos denominado "delincuencia económica 2.0". La operación *Lava Jato* sería la espoleta que esparciría el

---

85 En efecto, la primera referencia sobre los Acuerdos de Lenidad es la "Lei N° 8.884 de 11 de juhno de 1994, derogada en un único instrumento como explican RODRÍGUEZ GARCÍA, N. y MACHADO DE SOUZA, R. ... El 'Acuerdo de lenidad'... 2019, p. 301 "(...) demás de las normas mencionadas, hay otras dos leyes que permiten la composición a través de acuerdos en situaciones en las cuales se suelen producir hechos de corrupción. La primera, la Ley 12.529/2011, que es la norma del sistema brasileño de protección a la competencia en la cual se permite alcanzar acuerdos de lenidad y acuerdos de compromiso de cesación de conducta, dos modalidades de acuerdos que son previstas como suficientes para llegar a la resolución del proceso administrativo sancionador por ilícitos al orden económico y a la legislación de competencia (...)" (subrayado nuestro).

Acuerdo de Lenidad como una institución confiable, sin ópticas precisadas desde la jurisprudencia conceptual, sino más bien, como un lenguaje universal contemplado en tratados y convenios internacionales.

Entonces, recapitulando, si planteáramos un diagrama de flujo sobre cómo son reconocidos los *Acuerdos de Lenidad* en América Latina, nos centraríamos secuencialmente en siete razonamientos enlazados, o bien, en el sentido inverso a la pregunta, es decir, cómo reconoce Brasil las decisiones e investigaciones de otros países conexos con empresas de nacionalidad brasilera que han cometido actos ilícitos contra las Administraciones Públicas de esas naciones[86], como en efecto, ocurrió con la empresa ODEBRECHT. Sobre esta segunda hipótesis, la analizaremos en el epígrafe III de esta segunda parte, dada las variables presentes en el caso.

Primero, una tecnificación de las actividades económicas a nivel global erosionó el concepto decimonónico de la empresa[87], *que abandona la confluencia tradicional de capital + mano de obra + gerencia*. Ahora, la empresa es una microcomunidad con vida pro-

---

86 Esta segunda hipótesis se desprende de la propia *Lei Anticorrupção*, en específico, como lo contempla el artículo 1° "(...) Art. 1° Esta Lei dispõe sobre a responsabilização objetiva administrativa e civil de pessoas jurídicas pela prática de atos contra a administração pública, nacional ou estrangeira. (...)" (subrayado nuestro). Como se contempla en la norma, es evidente que los Acuerdos de Lenidad también pudieran hacerse efectivos contra daños ocasionados por empresas brasileras contra las Administraciones Públicas extranjeras. El caso ODEBRECHT es el ejemplo palpable del gran daño cometido por la compañía a los diferentes erarios públicos donde operaba la constructora.

87 Sobre la empresa, véase PÉREZ GOROSTEGUI, E. *Curso de economía de la empresa: introducción.* Madrid, 2017, Centro de Estudios Ramón Areces. GARCÍA RUÍZ, J.L. *Historia económica de la empresa moderna,* Madrid, 1994, Istmo. VALERO Y VICENTE, A. - LUCAS TOMÁS, J.L. *Política de empresa: el gobierno de la empresa de negocios.* Pamplona, 2005, Eunsa.

pia, diseñada más allá de su esencia lucrativa hasta el punto que, salvo empresas de corte familiar, los alcances de sus operaciones son fácilmente desconocidas por sus órganos de gobierno, máxime, en el caso de trasnacionales. Adiciona ahora elementos configurativos obligatorios como la responsabilidad social, la planificación estratégica, diseño, innovación y desarrollo sustentable[88].

Segundo, un *proceso globalizador que deja atrás el andamiaje de las identidades basadas en el concepto "Nación-Estado" por otros referentes*, en específico, el de la empresa transnacional sin nacionalidad ni sellos culturales nacionales o sociológicos autóctonos, facilita la "estandarización permanente". La globalización irrumpe en el escenario histórico, potenciando tanto procesos benéficos para la sociedad como otros no tan benéficos (sociedad del riesgo global), siendo imposible para los Estados asumir de manera unilateral a través de sus políticas criminales un dique de contención para esta sociedad incivil. El *compliance* surge en este contexto -como apunta FERNÁNDEZ-AJENJO- como el último de los paradigmas de la Gobernanza, "en el mundo de las organizaciones públicas y privadas"[89].

---

88 Al respecto, véase LOZANO I SOLER, J.M. *La empresa ciudadana como empresa responsable y sostenida.* Madrid, 2009, Trotta. CUESTA FERNÁNDEZ, F. *La transformación empresarial como base de la competitividad: De la empresa tradicional a la empresa virtual.* Madrid, 2004, Ediciones Pirámide. CASTRO VALDIVIA, M. "Historia de la empresa y las tecnologías de la información y Comunicación", en *Innovación Docente e Investigación en Ciencias Sociales, Económicas y Jurídicas. Avanzado en el proceso de enseñanza-aprendizaje.* GÁZQUEZ LINARES, J.J. (Comp.) et al. Jaén, 2020, Universidad de Jaén, p. 647-656. ARAGÓN GÓMEZ, C. y NIETO ROJAS, P. *Planes de igualdad en las empresas. Procedimientos de elaboración e implantación.* Madrid, 2021, Wolters Kluwer. COHEN BENCHETRIT, A. *Derecho de sociedades y crisis de la empresa en tiempos de pandemia.* Granada, 2021, Comares.

89 FERNÁNDEZ AJENJO, J.A. ... *Tema 1. Compliance, medidas ...*, 2020 p. 2.

Tercero, una *delincuencia económica que aprende de sus errores* termina por fusionarse con la lógica empresarial y sus procesos negociales complejos. Aprende a delinquir sin cometer delitos formalmente hablando, sino a través de fraudes de empresas probadas con objetos mercantiles más que lícitos, lo que reduce enormemente sus costes de corrupción en el esquema que estudiamos de la TEORÍA DE LA ELECCIÓN RACIONAL (TER). Se sirve dicha delincuencia de todo el mundo empresarial para aparentar legítimas ganancias propias de los negocios en un sistema de economía abierta. La organización delictual económica no asume la constitución de una empresa para "delinquir"[90], sino, que emplea a la empresa para apuntalar sus beneficios legales multiplicados por diferentes actos de fraude. Es la denominada criminalidad económica 2.0.

Cuarto, lo anterior lleva a *replantear una versión más sólida y plausible de la responsabilidad penal*, extendiéndola hacia la persona jurídica. No basta con asumir las dimensiones dogmáticas liberales del Derecho penal, pues el *societas delinquiere non potest*, queda como pieza histórica de un tiempo que ha quedado atrás por las nuevas dinámicas globalizadoras empresariales de la sociedad del riesgo. Más bien, como indica ISIDORO BLANCO CORDERO, el debate hoy es si este viejo aforismo "(...) resulta sustituido por el de *societas delinquere et puniri potest*, esto es, que la persona jurídica puede delinquir y ser objeto de penas, o por el de *societas puniri potest*, es decir, pueden ser objeto de penas, pero no pueden delinquir (...)"[91].

Quinto, esta nueva institución de responsabilidad penal de la empresa, exige una *"nueva horma" que encauce no sólo las investigaciones sino que abra las posibilidades de una imposición ejemplar de dicha responsabilidad* donde la empresa posee la aptitud "abstracta para ser sospechosa, acusada y condenada procesalmente

---

[90] Al respecto, remitimos a la Sentencia del Tribunal Supremo Español - Sentencia N° 154/2016 de fecha 29 de febrero de 2016.

[91] BLANCO CORDERO, I. ... *La responsabilidad penal* ... 2020, p. 2.

hablando"[92]. Hacemos referencia a la redimensión del proceso penal, que demanda una nueva dogmática para evitar el naufragio de la impunidad, como en efecto, explica FRIDRICZEWSKI, al abordar la lógica que dio nacimiento al *Acuerdo de Lenidad* en el Derecho administrativo sancionatorio del Brasil[93]. Debemos entender un proceso penal más abierto a teorías como, por ejemplo, la del Derecho penal a dos velocidades, que justifiquen y garanticen las finalidades de todo proceso judicial-penal, incluyendo, la de las propias empresas investigadas[94]. Además de ello, debe servir para facilitar mejores herramientas a los controles previos que dentro del ciclo del fraude, se ubica en la corrección.

Sexto, sin alterar radicalmente la esencia del proceso penal ni tampoco adentrándonos en soluciones doctrinales "esperpénticas" que proponen el fin del Derecho procesal penal, *algunos principios procesales deberán reinterpretarse* para ofrecer soluciones negociadas, sobresaliendo el reconocido *principio de oportunidad procesal.* Invocando el principio de plenitud hermética del Derecho[95], los problemas que pueda traer consigo sentar en un juicio penal a una persona jurídica, deben necesariamente responder no tanto a la imposi-

---

92 NEIRA PENA, A.M. *La persona jurídica como parte pasiva del proceso penal.* La Coruña, 2015, Universidad da Coruña, p. 151. Tesis doctoral consultada en Original.

93 FRIDRICZEWSKI, V. ... *Acuerdos de lenidad en Brasil* ..., 2020, p. 90.

94 Véase SANGUINÉ, O. "Derechos fundamentales de las personas jurídicas en el proceso penal", en *La responsabilidad penal de las personas jurídicas. Fortalezas, debilidades y perspectivas de cara al futuro.* ONTIVEROS ALONSO, M. (Coord.). Valencia, 2014, Tirant Lo Blanch, p. 413-495.

95 Basado en el concepto de sistema autosuficiente y lógicamente blindado, las soluciones a los nuevos desafíos siempre encontrarán respuesta dentro del sistema jurídico. Los italianos llaman a esto *completezza dell'ordinamento* y los alemanes, *lückenlosigkeit, logishen gesetlossenheit.* Para más detalles véase GARCÍA DE ENTERRÍA, E. ... *Reflexiones sobre la ley* ... 1984, p. 18-19.

ción de multas u otras sanciones, sino, a la obligatoria corrección de la actividad empresarial para que ésta se ajuste en todo momento dentro del ordenamiento jurídico. Por tanto, el proceso penal constitucionalmente clásico[96], concebido para escudriñar y determinar la verdad sobre las lesiones a bienes jurídicos, y luego, atribuirle la responsabilidad a una persona, verificado y probado los hechos; se quiebra ante su incapacidad para cumplir este tradicional íter cuando es una persona jurídica la enjuiciada.

Séptimo, este principio, concebido dentro de parámetros legales, facilitarán la introducción del *Acuerdo de Lenidad*, pues, como indicamos, el nuevo proceso penal diseñado para las personas jurídicas no debe agotarse en la sanción-venganza. Su papel es la hacer valer aquellos instrumentos o conceptos que *logren encarecer los costos del llamado "delito de empresa"*. Sin entrar a discurrir sobre las diversas opiniones que han especulado sobre si estamos ante un convenio con libertad negocial[97] o un contrato de adhesión impuesto

---

96 Por proceso penal constitucionalmente clásico entendemos aquel instrumento de justicia, y a su vez, protección del ciudadano ante el ejercicio del *ius puniendi* del Estado. Un proceso penal, leído desde la Constitución, se transforma en una garantía y a su vez en un derecho. Para más detalles, véase BINDER, A. *Derecho procesal penal.* Buenos Aires, 2013, Editorial Ad-Hoc, Tomo I: Hermenéutica del proceso penal. MONTERO AROCA, J. *Principios del proceso penal. Una explicación basada en la razón.* Valencia, 1997, Tirant Lo Blanch. También, GIMENO SENDRA, V. *Derecho Procesal penal.* Navarra, 2012, Aranzadi-Civitas.

97 Existe una convicción plena que los Acuerdos de Lenidad responden al principio de libertad negocial presente en todo sistema jurídico que reconoce el principio de la autonomía de la voluntad de las partes. En este caso, el Estado, más propiamente el ente público afectado patrimonialmente precisa un Convenio de naturaleza administrativa donde no sólo contempla la reparación económica, sino, la obtención de pruebas y conocimiento procedimental que sólo la empresa debe conocer. FRIDRICZEWSKI, V. ... *Acuerdos de lenidad en Brasil* ..., 2020, p. 101.

"convenientemente" por las Administraciones Públicas[98], los *Acuerdos de Lenidad* merecen una revisión más exhaustiva en la doctrina iberoamericana en sus justas dimensiones. Debemos ir más allá de la mera exégesis de la legislación brasilera, estableciendo a través del método comparatista, proyecciones que faciliten la lucha contra la corrupción, en este caso, desde la óptica del corruptor.

De allí las razones por la cual, en las próximas páginas, nos adentraremos en su estudio, para responder a preguntas tales como ¿son los *Acuerdos de Lenidad* medidas que encarecen los costos de corrupción? ¿cómo ha sido posible su extrapolación de Brasil hacia Latinoamérica, sin que buena parte de la legislación subcontinental ni siquiera los ha contemplado? ¿cuál es naturaleza jurídica de los Acuerdos, más allá de la mera nominalidad gramatical? ¿Premios a quien colabora eficazmente con la justicia? ¿Pueden los *Acuerdos de Lenidad* ser posibles instrumentos para violar o menoscabar derechos fundamentales de personas naturales o bien de otras personas jurídicas? ¿Hasta dónde es aceptable que los *Acuerdos de Lenidad* sean una extensión de los mecanismos de control fiscal públicos, al incorporar procedimientos e investigaciones privadas sin que violente el concepto mismo de Poder Público?

I. ANTECEDENTES HISTÓRICOS DE LOS ACUERDOS DE LENIDAD

Como indicamos *ut supra*, el *Acuerdo de Lenidad* no es una mera institución que responde a lo que originalmente fue concebido en Brasil como medida de premiación por colaboración necesaria y arrepentimiento en los casos antimonopolio, y que posteriormente, se proyectaría hacia la ley anticorrupción, transmutándose según se

---

[98] También existe la sensación, dependiendo de quien lleve adelante las riendas de la Administración Pública, que la firma de estos Acuerdos pudiera sujetarse tan igual a lo precisado para la DPA ó NPA del Derecho angloamericano. Es el caso de lo precisado en las *guidelines* del capítulo VIII de la sentencia *USA Vs. Booker*, 543 US220 del año 2005.

puede colegir del texto de dicha legislación[99], en una categoría *sui generis* que dificulta cualquier tesis para encasillarlo dentro del concepto mismo de lo que se conoce como Derecho penal premial[100].

---

99 En efecto, el artículo 16 de la *Lei Anticorrupção* establece: "(...) Art. 16. A autoridade máxima de cada órgão ou entidade pública poderá celebrar acordo de leniência com as pessoas jurídicas responsáveis pela prática dos atos previstos nesta Lei **<u>que colaborem efetivamente com as investigações e o processo administrativo</u>** (...)" (Negrillas y subrayado nuestro) Nótese que el texto legal resaltan dos características que serán la transformación de una mera "premiación por arrepentimiento" hacia una medida reparatoria y/o de producción probatoria determinante para las investigación en los casos de corrupción. La primera es la frase "colaboración efectiva en investigaciones". La segunda es "y el proceso administrativo". Este último debe entenderse como un procedimiento de típico de Derecho Administrativo Sancionatorio. Ahora bien, tras el escándalo de la operación *Lava Jato,* el Acuerdo de Lenidad saltó de la esfera administrativa hacia el proceso penal, siendo negociados "sendos" acuerdos entre la Fiscalía y su reconocimiento en este celebérrimo proceso penal que traspasó las fronteras mismas de Brasil.

100 Sobre el Derecho Penal Premial, asumimos el concepto que expone ISABEL SÁNCHEZ GARCÍA DE LA PAZ, "El coimputado que colabora con la justicia penal", *Anuario de la Facultad de Derecho de Ourense,* Nº 1, 2005, p. 543-580, al afirmar que es "(...) *el conjunto de normas de atenuación o remisión de la pena orientadas a premiar las conductas de desistimiento y arrepentimiento eficaz de la conducta criminal o bien de abandono futuro de las actividades delictivas y colaboración con las autoridades de persecución penal en el descubrimiento de los delitos ya cometidos o, en su caso, el desmantelamiento de la organización criminal a la que pertenezca el inculpado* (...)" (Cursivas nuestras). véase RODRÍGUEZ-GARCÍA, N. "El 'derecho premial' como remedio para lograr que la justicia penal española sea eficaz", en *La influencia de la ciencia penal alemana en Iberoamérica: en homenaje a Claus Roxin.* ONTIVEROS ALONSO, M. y PELÁEZ, M. (Coord.), México D.F., 2003, Instituto Nacional de Ciencias Penales, p. 571-616. También, véase ORTIZ PRADILLO, J.C. y MARCHENA GÓMEZ, M. *Los delatores en el proceso penal: recompensas, anoni-*

Tampoco debemos dejarnos seducir por lo que podría subyacer del término literal -e usual- de la palabra "lenidad", entendida ésta en el español común como lo sentencia el DLE:

> "(...)*1. f. Blandura en exigir el cumplimiento de los deberes o en castigar las faltas* (...)"[101].

La connotación general de lenidad nos refiere a "suavidad", a cierto perdón parcial una vez verificada e impuesta una sanción. Esta clemencia solapada resulta más aparente que real por las características de la persona sentada en el banquillo de los acusados: *una compañía.* En efecto, para una persona natural acogerse a los mecanismos típicos del Derecho penal premial puede reportarle ciertamente beneficios incuestionables (*Vgr.* no ir a prisión, evitar la muerte civil, etc.). Pero, para una persona jurídica que funciona y actúa mercantilmente dentro de actividades lícitas, suscribir un *Acuerdo de Lenidad* puede resultarle un mal menor, e inclusive, un costo adicional para sostenerse de forma comercial a lo largo del tiempo.

1. *La incompatibilidad del Acuerdo de Lenidad con el Derecho penal premial*

El simple hecho de asumir un *Acuerdo de Lenidad,* siguiendo las exigencias de la *Lei Anticorrupção* de Brasil, la obliga no sólo a facilitar los medios para las investigaciones correspondientes, sino también, a concretar -bajo sus expensas- procedimientos y cualquier tipo de transacción que conlleve no sólo a la resolución de los casos de fraude investigado, sino también, para incorporarlos dentro de los planes de *compliance* efectivos hacia el futuro, sin contar, si por la relevancia de los hallazgos, deba facilitar a los órganos de control de

---

mato, protección y otras medidas para incentivar una colaboración eficaz con la Justicia. Madrid, 2018, Wolters Kluwer.

101 *Diccionario de la Lengua Española* (DLE) https://dle.rae.es/lenidad?m=form [Consulta: 15 de mayo de 2021].

fiscal otro tipo de colaboración que va más allá del caso específico. En pocas palabras, los Acuerdos abre la puerta al Estado para "requerirte cada vez que sea necesario por lo suscrito".

Estas obligaciones, ínsitas en los Acuerdos, implica costos adicionales que por su carácter exorbitante, no puede trasladársele al producto o servicio lícito prestado. Así, debe la compañía cargar con estos pasivos contables hasta su resolución definitiva, *corrigiéndose cualquier defecto de organización originaria*. Por tanto, dudamos que los *Acuerdos de Lenidad* puedan ser enmarcados dentro de esta categoría de "premio" a la persona jurídica.

2. *El Acuerdo de Lenidad y el Derecho administrativo del Brasil*

Si revisamos con detenimiento los antecedentes de los Acuerdos de Lenidad que nos facilita en el estudio de RODRÍGUEZ-GARCÍA y MACHADO DE SOUZA, ha sido posible aquéllos en:

> "(...) (i) en los casos previstos en la Ley de acción civil pública (Ley 7.347/1985, a partir de la reforma de 1990), a través de un ajuste de conducta; (ii) por aplicación de la Ley Complementaria 73/1993, sobre la Abogacía General de la Unión, que permite que el Abogado-General firme acuerdos en los casos determinados legalmente; (iii) el ejercicio de esa misma competencia del Abogado-General de la Unión para cerrar acuerdos en procesos judiciales civiles de interés de la Unión y sus administraciones descentralizadas está regulada en la Ley 9.468/1997; (iv) La Ley 13.140/2015 (...)"[102]

Casi todos los antecedentes ilustrados en la cita anterior están vinculados más con la dinámica propia de la Administración Pública que del proceso judicial penal, aunque, por la importancia que revisten los Acuerdos, han sido validados judicialmente en dichos proce-

---

102 RODRÍGUEZ GARCÍA, N. y MACHADO DE SOUZA, R. ... El 'Acuerdo de lenidad'... 2019, p. 300-301.

sos, o bien, anulados en la jurisdicción contencioso-administrativa por contener vicios desde su creación o en las fases de ejecución. De esta forma, el *Acuerdo de Lenidad* como institución del Derecho administrativo, surge ante la imposibilidad de concentrar el esfuerzo[103] por perseguir la corrupción presente en el sistema judicial brasilero, donde, coexisten no sólo la justicia penal sino también la persecución por "improbidad administrativa"[104].

Lo que sí estamos contestes es que el *Acuerdo de Lenidad* a pesar de la claridad en que se ha redactado el artículo 16 de la Ley Anticorrupción de Brasil, no se circunscribe a "(...) *A autoridade máxima de cada órgão ou entidade pública* (...)". Su aplicación a lo largo de la geografía suramericana impulsa un inusitado afán por estudiarlo, máxime, que sólo Brasil cuenta con este sistema de lenidad donde no pocas dificultades ha traído por la falta de coordina-

---

103 FRIDRICZEWSKI, V. ... *Acuerdos de lenidad en Brasil* ..., 2020, p. 100.

104 La acción judicial por la práctica de acto de improbidad, fue introducida en la Lei N° 8.429 de 02 de junho de 1992, mejor conocida como *Lei de improbidade administrativa.* Por "improbidad administrativa" se entiende "(...) como acto ilegal o contrario a los principios y valores de la Administración Pública, cometido por un funcionario público durante el ejercicio de su función (...)" La lei 8.429 tipifica los actos de improbidad en actos de improbidad que comportan el enriquecimiento ilícito (art. 9, literales I al XII), aquellos que causan perjuicio al erario público (art. 10, excluyéndose los literales VII, XIX y XX que fueron eliminado o fusionados con otros dispositivos legales), los concernientes para recibir de forma indebida un beneficio financiero o tributario (art. 10-A) y los que atenten contra los principio de la Administración Pública (art. 11, literales I al X). Debemos resaltar, que estos actos de improbidad superan los clásicos moldes de "actos corruptos", ya que, como indica FRIDRICZEWSKI, V. ... *Acuerdos de lenidad en Brasil* ..., 2020, p. 94, se presentan como "*un atentado contra el Estado Democrático de Derecho y la propia Administración Pública por quebrantamiento de deberes inherentes a la relación jurídica establecida entre el agente público y el Estado*".

ción entre las distintas autoridades[105] con competencia para perseguir la corrupción (justicia penal, acción de improbidad y *Acuerdos de Lenidad*).

Esta característica es de suma importancia explicitarla en este punto, puesto que, muchas veces se le asocia a los *Acuerdos de Lenidad* una mocedad que se remonta hacia los *Deferred prosecution agreement (DPA)* y los *Non-prosecution agreement (NPA)*, contemplados en el sistema angloamericano de Derecho. Esta asociación deviene de la cada vez más creciente colonización no dolosa de las instituciones globales previstas en convenios y tratados por las prácticas juridiciales norteamericanas[106], que han tenido éxitos considerables en su aplicación, como de suyo, ocurre con la fascinación que pueden envolver los DPA y los NPA[107].

---

105 MACHADO DE SOUZA, R. "La colaboración de personas jurídicas como herramienta de recuperación de activos procedentes de la corrupción: el paradigma Estados Unidos y Brasil", RODRÍGUEZ-GARCÍA, N. y RODRÍGUEZ-LÓPEZ, F. *Compliance y justicia colaborativa en la prevención de la corrupción,* Valencia, 2020, Tirant lo Blach, p. 79-80.

106 ANITUA, G.I. ... "La importación de mecanismos consensuales del proceso estadounidense"..., 2015, p. 43-65.

107 TURIENZO FERNÁNDEZ, A. ... "¿Oportunidad procesal en las causas penales seguidas contra personas jurídicas?..., 2020, p. 511. Vale la pena hacer referencia a la importancia y connotación que tienen para el sistema angloamericano este tipo de *agreement* como mecanismo de eficiencia en la aplicación de la justicia. Desde la implantación del sistema económico de mercado, a finales del siglo XVII, la peor muerte que puede aplicársele a un individuo -o empresa- según sea el caso, no es la muerte civil, sino, la muerte económica. La sanción moral más grave en el modelo anglosajón es perder la capacidad para producir recursos por sí mismo, es decir, ser una rémora de la sociedad que tendrá la grave impronta permanente como castigo, de no ser capaz de generar económicamente. En pocas palabras, estar "muerto económicamente" es ir contracorriente de la base ética utilitaria, donde el bien del hombre es identificado con la felicidad calculada. Para más deta-

Los DPA[108] y los NPA[109] son formulados originariamente en la Fiscalía estadounidense, es decir, su concreción desde que se propo-

---

lles, véase MILL, J.S. *El utilitarismo.* Madrid, 1960, Editorial Alianza, p. 45. A diferencia del concepto anglosajón del "cálculo felicífico", en el racionalismo iusnaturalista continental *-civil law-* el cálculo pasa a un plano subordinado, primando siempre los principios generales de los cuales devendrá una deducción axiomática para así ir valorando -según el caso- aquellas acciones individuales que violan los derechos de los demás y las que no lo hacen. Por ello, en nuestros sistemas continentales, lo más importante al momento de sancionar es cercenar la libertad por ser ésta el axioma supremo de lo que se llamó "el autogobierno individual". Véase GEVAERT, J. *El problema del Hombre,* Salamanca, 1987, Ediciones Sígueme, p. 34. También, MERQUIOR, G. *Liberalismo viejo y nuevo.* México, D.F., Fondo de Cultura Económica, 1993, p. 26.

108 Los *Deferred prosecution agreement*, se ofrecen en el período probatorio de un juicio criminal, es decir, la Fiscalía presenta acusación formal contra la persona jurídica, esperando que transcurra hasta la etapa de pruebas. Es en esta fase que, al ser aceptado por la compañía acusada, se suspende el juicio por un plazo especificado en el propio DPA. Si son incumplidos, se reabre la causa penal. Si, por el contrario, se acata el DPA, la Fiscalía procede inmediatamente a retirar los cargos.

109 Los *Non prosecution agreement,* a diferencia de los DPA, es una omisión de persecución a la persona jurídica investigada a cambio de que ésta admita totalmente los hechos investigados sin declarar formalmente su culpabilidad y cumpla estrictamente unos requisitos impuestos por la Fiscalía (mandates), resaltándose siempre el pago de cantidades de dinero por concepto de multas o indemnizaciones, según sea el caso, y la cooperación casi permanente con las autoridades sobre otras investigaciones conexas o no a la causa criminal que los llevó a la formulación desde un principio del NPA. Si la persona acusada incumple, la Fiscalía no le queda más remedio que presentar la acusación formal contra la primera, no siendo posible que tras la negativa -o negligencia- de cumplimiento del NPA pida la defensa una DPA. Para más detalles, véase TURIENZO FERNÁNDEZ, A. ... "¿Oportunidad pro-

nen como contratos procesales en el sentido estricto del término y su aceptación formal por la acusada. Tal vez los efectos que conlleva tanto el NPA como el DPA hayan servido de inspiración para la figura del *Acuerdo de Lenidad* más, sin embargo, no existe una conexión siquiera remota en los orígenes de los Acuerdos con estos mecanismos norteamericanos.

La mocedad, como explicamos, estuvo siempre centrada en resolver un procedimiento de Derecho administrativo sancionatorio en el accionar de las administraciones públicas como árbitros reguladores de la competencia económica, más que un mecanismo negociador del proceso penal como ocurre con el NPA y el DPA. Basta con revisar la trayectoria del primer decreto que contempló el *Acuerdo de Lenidad*, en 1994 (Nº 8.884), hasta su fusión definitiva y sistematización en la vigente Ley 12.529 del 30 de noviembre 2011, y encontraremos ese arrinconamiento originario hacia la esfera administrativa del Acuerdo[110].

---

cesal en las causas penales seguidas contra personas jurídicas?..., 2020, p. 511-512.

110 En efecto, establece el Artículo 86 de la Ley 12.529 "(...) O Cade, por intermédio da Superintendência-Geral, poderá celebrar acordo de leniência, com <u>a extinção da ação punitiva da administração pública ou a redução de 1 (um) a 2/3 (dois terços) da penalidade aplicável, nos termos deste artigo, com pessoas físicas e jurídicas que forem autoras de infração à ordem econômica</u>, desde que colaborem efetivamente com as investigações e o processo administrativo e que dessa colaboração resulte (...)" (subrayado nuestro). Es importante señalar que la Ley Antimonopolio diferencia los <u>Acuerdos de Lenidad</u> con los <u>Acuerdos de compromiso de Cesación de conducta</u> (*Compromisso de Cessação*), éstos últimos, previstos en el artículo 85 "(...) Nos procedimentos administrativos mencionados nos incisos I, II e III do art. 48 desta Lei, o Cade poderá tomar do representado compromisso de cessação da prática sob investigação ou dos seus efeitos lesivos, sempre que, em juízo de conveniência e oportunidade, devidamente fundamentado, entender que atende aos interesses protegidos por lei. (...)".

De esta manera, el tenor de los *Acuerdos de Lenidad* se proyecta hacia la Ley Anticorrupción de 2013, circunscribiéndose -por ahora, como afirman RODRÍGUEZ-GARCÍA y MACHADO[111]- a la responsabilidad civil o administrativa de la persona jurídica, excluyéndose la penal. Sin embargo, en la operación *Lava Jato*, lo negociado en los *Acuerdos de Lenidad* fue aceptado y homologado en los juicios penales abiertos por la Fiscalía de Brasil, así como, por los Fiscales Generales de Suramérica donde los actos fraudulentos se extendieron más allá de la matriz brasileña, de conformidad con la DECLARACIÓN DE BRASILIA SOBRE LA COOPERACIÓN JURÍDICA INTERNACIONAL CONTRA LA CORRUPCIÓN 2017 a la que hicimos referencia en las páginas precedentes.

Como lo indicamos, y haciendo una recapitulación, el origen incuestionablemente del Derecho administrativo y focalizado de los *Acuerdos de Lenidad* no tuvieron mayor impacto en los sistemas de justicia penal, así como tampoco, en los sistemas de control fiscal y monitoreo de las Administraciones Públicas antes de 2016[112]. Sería la aceptación en *Lava Jato* y las magnitudes de los actos fraudulentos (trasnacionales) las que obligarían a tensar estos Acuerdos en un proceso penal que no concibió originalmente este tipo de convenios, pero, su efectividad ha permitido que las diferentes jurisdicciones penales latinoamericanas lo asimilen y propongan dentro del catálogo de nuevos instrumentos de lucha contra la corrupción por los réditos probatorios obtenidos.

---

111 RODRÍGUEZ GARCÍA, N. y MACHADO DE SOUZA, R. ... El 'Acuerdo de lenidad'... 2019, p. 312.

112 Cita FRIDRICZEWSKI, V. ... *Acuerdos de lenidad en Brasil* ..., 2020, p. 99, un informe del CONSEJO NACIONAL DE JUSTICIA DEL BRASIL (CNJ), intitulado *Lei de improbidade administrativa: obstáculos à plena efectividade do combate aos atos de improbidade* (2016), en el cual, el órgano técnico judicial precisó que las acciones de improbidad apenas reportaron un 4% de recuperación del total de activos sustraídos por estos actos, siendo la recuperación parcial de apenas un 6.4% del total estimado. Como indica el autor, estamos en presencia de una bajísima tasa de éxito de esta acción judicial.

Además, agregaríamos, son fuente indiscutible de procedimientos para corregir los programas de *compliance* ya en ejecución, así como, para facilitar herramientas invalorables a los órganos de control fiscal público sobre lo que ocurre en el subsistema económico empresarial, éste último, ajeno -y muchas veces hasta alérgico- a la lógica administrativa pública.

II. APROXIMACIONES CONCEPTUALES AL ACUERDO DE LENIDAD

Verificado el origen de los *Acuerdos de Lenidad*, esto nos obliga a centrarnos en la precisión conceptual de los mismos, ya que, ante sus diferentes características y consecuencias -propio del principio de autonomía de la voluntad contractual[113]- pudiera correrse el peligro de confundirlos con otras modalidades o universos conceptuales que pudieran incrementar lo que llamamos la *inseguridad terminológica.* Esta última, al instalarse dentro de un concepto, abre serias dudas sobre la eficiencia del instituto analizado, máxime cuando nos encontramos dentro de la territorialidad de nuevas interpretaciones sobre el proceso penal, el Derecho penal premial, la responsabilidad penal de las personas jurídicas y el mismísimo principio de oportunidad procesal.

Lo anterior nos obliga a la puntualidad conceptual, en tanto, como reparamos en las páginas precedentes, el *Acuerdo de Lenidad* **no es una manifestación automática o prototípica del Derecho penal premial**, sino del Derecho administrativo sancionatorio que por las consecuencias en la obtención de acervos probatorios, éstos últimos fundamentan procesos penales posteriores

---

113 Muy a pesar de ser extremadamente restrictivo el alcance del *Acuerdo de Lenidad* según lo dispone la Ley Anticorrupción de Brasil, al ser un negocio jurídico atípico, permea el horizonte negocial del principio de la autonomía de la voluntad, es decir que, a pesar del margen reducido de discrecionalidad, ésta última estará presente entre los negociadores del Acuerdo así sea pasada por la criba del interés público como horizonte hermenéutico permanente del contrato.

contra las personas naturales o bien contra otras personas jurídicas incriminadas y sobre las cuales es imposible suscribir otros *Acuerdos de Lenidad.*

Es una institución que ha evolucionado, partiendo de ese núcleo duro del Derecho administrativo sancionatorio hacia otras ramificaciones jurídicas hasta fusionarse con tópicos del Derecho procesal penal. Además, al provenir de otro idioma (el portugués), su asimilación al español como lengua de especialidad[114], puede jugarnos malas pasadas si somos poco escrupulosos con el lenguaje[115] o indisciplinados al traducirlo y proyectarlo hacia instituciones supuestamente "análogas", como en efecto, estudiaremos más adelante.

Así, queremos en este apartado entender una noción suficientemente satisfactorio del Instituto, y de esta manera, evitar construir un artificioso collage de definiciones que en nada nos acercarían al concepto, si de verdad esperamos que estos Acuerdos sean incorporados en las legislaciones anticorrupción o de control fiscal de América Latina.

1. *Definición*

Asumidas las advertencias anteriores, comenzaremos por establecer las definiciones que hemos estudiado de los autores brasileros con amplio conocimiento y trayectoria en torno a los *Acuerdos de Lenidad.* Para VANIR FRIDRICZEWSKI es:

> "(...) De manera genérica, puede entenderse como un acuerdo entre una autoridad pública y un agente privado, por el cual la autoridad pública concede la extinción o flexibilización de las

---

[114] Véase ALCARAZ, E., HUGHES, B. y GÓMEZ, A. *El español jurídico,* Barcelona, 2014, Ariel, p. 15-16.

[115] Véase BARQUÍN SANZ, J. "Lenguaje y derecho: nota sobre el uso del idioma por los penalistas", *Revista de Derecho, Empresa y Sociedad (REDS),* N° 13, 2018, p. 106-121.

sanciones al recibir del agente privado, a cambio, su colaboración y pruebas para identificar los ilícitos y sus responsables (...)"[116]

El autor citado se apega a lo descrito en el artículo 16 de la Ley Anticorrupción de Brasil, a los efectos de hacer un proceso exegético de dicha norma y así precisar los alcances en los casos donde ocurra una indeterminación normativa, por ejemplo, si un tribunal puede autorizar un *Acuerdo de Lenidad* surgido a raíz de un proceso criminal. Así, le atribuye el carácter de negocio jurídico bilateral sinalagmático[117], como uno de los convenios o contratos legítimos[118] que puede suscribir la Administración pública con sociedades mercantiles en determinados ámbitos circunscritos exclusivamente al problema de responsabilidad administrativa y sancionatoria de las personas jurídicas.

RODRÍGUEZ-GARCÍA y MACHADO DE SOUZA, definen al Acuerdo como:

---

[116] FRIDRICZEWSKI, V. *Guión para estudio,* Salamanca, 2020, Apuntes del Módulo XII (Compliance Corporativo y lenidad) del programa Máster On line Iberoamericano en Compliance, p. 5. También, FRIDRICZEWSKI, V. ... *Acuerdos de lenidad en Brasil* ..., 2020, p. 102.

[117] FRIDRICZEWSKI, V. ... *Acuerdos de lenidad en Brasil* ..., 2020, p. 101.

[118] Como expresa el profesor BREWER-CARÍAS, A.R. *Contratos administrativos, Contratos públicos, Contratos del Estado,* Caracas, 2021, Editorial Jurídica Venezolana (2da. edición), p. 81 "(...) Si observamos la realidad administrativa de los entes estatales, es evidente la conclusión de que la actividad de la Administración no proviene, ni se realiza, mediante la sola actuación de su voluntad unilateralmente formulada. *Es cada vez más frecuente que la Administración establezca vínculos jurídicos con otros sujetos y acuda al concurso de otras voluntades para sus diversas actividades*. Estos actos jurídicos formados conjuntamente por la intervención de dos o más sujetos de derecho y que establecen entre ellos un vínculo jurídico, *configuran lo que se denomina actividad contractual de la Administración* (...)" (cursivas nuestras).

"(...) es un mecanismo de justicia negociada que busca solucionar el proceso administrativo ... donde existen concesiones mutuas entre el Estado y la persona jurídica responsable (...)"[119]

A diferencia del primer autor transcrito, RODRÍGUEZ y MACHADO califican el *Acuerdo de Lenidad* en cuanto a la finalidad perseguida por el mismo hasta calificar, inclusive, un adelanto de su naturaleza jurídica como si fueran instrumentos de "justicia negociada". Por otra parte, al ser Acuerdo, nos llevan en su trabajo citado hacia un horizonte conceptual que puede traer consigo polémicas, como es afirmar que "existen concesiones mutuas entre el Estado y la persona jurídica responsable" que suscribe un *Acuerdo de Lenidad.* Más bien, de conformidad con el resultado de la práctica administrativa de los once (11) *Acuerdos de Lenidad* suscritos desde 2013 hasta inicios de 2020, según información detallada que nos ofrece FRIDRICZEWSKI[120], más que una forma de "justicia negociada", ha sido un mecanismo "bilateral" donde los resultados han superado las propias expectativas de las autoridades brasileras.

A. El Acuerdo de Lenidad genera beneficios "mutuos" para la Administración pública y la sociedad mercantil privada envuelta en actos de corrupción

Tomando como referencia de ambas definiciones, podemos establecer dos características relevantes de estos Convenios suscritos. El primero sobre los denominados "beneficios mutuos", tanto para la Administración lesionada como por la persona jurídica que ha causado el perjuicio patrimonial. Esto desmonta cualquier justificativo, como ocurre con los DPA y NPA, que apunta a la unilateralidad en quien gana y quien pierde con los *Acuerdos de Lenidad.* No podemos aceptar que el Acuerdo beneficie solo al Estado como tampoco

---

119 RODRÍGUEZ GARCÍA, N. y MACHADO DE SOUZA, R. ... El 'Acuerdo de lenidad'... 2019, p. 339-340.

120 FRIDRICZEWSKI, V. ... *Acuerdos de lenidad en Brasil* ..., 2020, p. 107-108.

prime generosamente a la persona jurídica privada que se acoge al mismo. Cualquier interpretación o propuesta legislativa o jurisprudencial que abone este camino del beneficio "leonino" hacia una de las partes, termina viciando, a nuestro juicio, el Acuerdo, sea por calificarlo precisamente como "leonino"[121] o bien por ser excesivamente oneroso a pesar de un aparente equilibrio y proporcionalidad negocial[122]. Es por ello que la sola calificación como de convenio bilateral, abre las puertas para la aplicación -en la medida que sea razonable- de la teoría de los contratos.

B. El Acuerdo de Lenidad y el compromiso de colaboración con la Administración pública en materia probatoria

Es quizá la "esencia ontológica" del *Acuerdo de Lenidad*, apuntando hacia la colaboración de la empresa no tanto porque el Estado no pueda realizar las investigaciones, sino que, por la complejidad de lo que TURIENZO FERNÁNDEZ denomina "el ecosistema de orga-

---

121 En efecto, una calificatoria de beneficio unilateral puede conllevar, en todo contrato, la interposición de la acción por enriquecimiento injusto. No puede inclinarse toda la balanza de beneficios contractuales a una sola de las partes. Sobre el enriquecimiento injusto, véase ROCA SASTRE, R.M. y PUIG BRUTAU, J. *Estudios de Derecho Privado. Obligaciones y Contratos,* Madrid, 2009, Aranzadi/Thomson Reuters, Vol. I, p. 572.

122 Pudiera ser el caso que, en la ejecución, el *Acuerdo de lenidad* se transforme en excesivamente oneroso para ser cubierto por la parte que se ha obligado (persona jurídica privada). Por ejemplo, si se le obliga a aportar los recursos para establecer un protocolo de auditoría en determinados procesos de contratación administrativa de obras públicas, etc., la empresa co-suscribiente pudiera demostrar ante la Fiscalía que es de imposible cumplimiento esta exigencia, quizá, ir más allá y hasta solicitar la nulidad de la cláusula del Acuerdo que fundamenta esta actividad que por vía de ejecución, es de imposible cumplimiento.

nización"[123], se encuentra en una clara posición de desmejora al momento de perseguir la criminalidad de empresa. Por ello, antes de invertir recursos públicos excesivos -que serán mayores en la medida que nos adentremos en la lógica empresarial- la colaboración efectiva se torna como la garantía más cercana para alcanzar la justicia. Por ello, la consecuencia sancionatoria guarda una entera dependencia con la actitud adoptada por la empresa[124].

Estos dos rasgos definitorios serán para nosotros los anclajes para precisar una definición propia de los *Acuerdos de Lenidad*, sobre todo, la devenida a raíz de lo ocurrido con *Lava Jato*. Como hemos indicado en diferentes páginas del presente libro, lo que fuera concebido normativamente por la legislación antimonopolio y anticorrupción de Brasil como *Acuerdo de Lenidad*, ha transmutado en un nuevo tipo de instrumento para el encarecimiento de los costes de corrupción, esta vez, **analizados desde la lógica del corruptor y no del corrupto**.

Esta modificación conceptual es la que abordaremos en nuestra definición propia, de cara a la aceptación en Venezuela -y cualquier otro país que no sea Brasil- de los *Acuerdos de Lenidad*, con el agravante de no ser reconocidos en sus legislaciones, pero si por sus Ministerios Públicos Fiscales, como en efecto, ocurrió en 2017 con la DECLARACIÓN DE BRASILIA SOBRE LA COOPERACIÓN JURÍDICA INTERNACIONAL CONTRA LA CORRUPCIÓN[125].

---

123 TURIENZO FERNÁNDEZ, A. ... "¿Oportunidad procesal en las causas penales seguidas contra personas jurídicas?..., 2020, p. 518.

124 TURIENZO FERNÁNDEZ, A. ... "¿Oportunidad procesal en las causas penales seguidas contra personas jurídicas?..., 2020, p. 520. Como expresa el autor citado: "(...) *Cuanto más actúen conforme al sentido anhelado por el Estado, mayores serán las gratificaciones a recibir* (...)".

125 Esta declaración fue co-suscrita por la entonces Fiscal General de la República Bolivariana de Venezuela, abogada LUISA ORTEGA DÍAZ. En la Declaratoria, se acepta el *Acuerdo de Lenidad* para hacerlos va-

C. Aproximación definitoria propia

Visto entonces los dos rasgos característicos del *Acuerdo de Lenidad*, podemos definirla como:

> *Es un convenio negocial, determinado por ley y homologados judicialmente, por el cual el Estado y la persona jurídica responsable establecen los parámetros, modos, condicionantes y procedimientos de colaboración probatoria efectiva para reparar los daños causados por los actos fraudulentos y contribuir a la prevención de esta naturaleza de actos conforme al sistema de control público y a los sistemas de complianza debidamente aprobados.*

De esta forma, explicamos lo que encierra la definición propuesta.

Primero, *es un convenio determinado por ley y homologado judicialmente.* Como todo negocio convencional, el *Acuerdo de Lenidad* se ajusta a la teoría general del contrato, específicamente, a lo atinente sobre la conformación, ejecución e interpretación de los contratos sinalagmáticos heterogéneo y funcional[126]. No es un con-

ler en los tribunales penales venezolanos. Lamentablemente esta puerta abierta no pudo franquearse en razón que, a mediados de 2017, ante la situación de inestabilidad venezolana, la dudosa Asamblea Nacional Constituyente decidió destituir a la citada Fiscal General.

126 Calificamos de sinalagmático el Acuerdo de Lenidad en razón que el Estado no puede imponer criterios que sólo lo beneficien unilateralmente. Tampoco puede la persona jurídica responsable formular un "jugoso" Acuerdo, en razón de resolver patrimonialmente fraudes que requiere la persecución obligatoria de personas jurídicas o la detección de procedimientos que inciten a la corrupción. En este caso, es atinado calificarlo como sinalagmático empleando el sentido original del término que según Aristóteles, significa "justo correctivo", un equilibrio en el intercambio de bienes. Véase DESPOTOPOULUS, C. "La notion de synalagma chez Aristote", *Archives de Philosophie du Droit,* Tomo XIII, 1968, p. 115. En cuanto al carácter de sinalagma funcional, es evidente que cada parte persigue en realidad no sólo obtener lo que los

trato administrativo en el sentido que tradicionalmente se le ha atribuido al término[127], sino un convenio propio de la actividad administrativa bilateral de las Administraciones, que sólo puede hacerse valer en un proceso, aunque en Brasil haya sido perfilado para ser empleado dentro de la Administración Pública. Luego de *Lava Jato* el *thema decidendum* se sobredimensionó desde lo que era una reparación administrativa hasta todo aquello que implique la atribución de responsabilidad penal -en principio[128]- a la persona jurídica. Por

---

obligó a sentarse a negociar (el Estado para conocer las mecánicas y demás aspectos sobre la lógica del corruptor y así contribuir a la política criminal preventiva. La persona jurídica para evitar se objeto de un proceso penal que pueda acarrearle costes reputacionales de imposible reparación) sino que la otra parte cumpla de forma efectiva su obligación.

127 Hay que tener muchísimo cuidado con las calificaciones del *Acuerdo de Lenidad*, ya que, al aceptarse su carácter contractual, donde una de las partes es la Administración Pública (incluye el Ministerio Público Fiscal que en algunos países se considera parte del Poder Ejecutivo), pudiera surgir el equívoco de incardinarlos dentro de la figura de los contratos de la Administración, más específicamente, al contrato administrativo. Sobre la noción del contrato administrativo, por ejemplo en Venezuela, habría que manejarlo con mucho cuidado por las repercusiones y régimen jurídico aplicable. En nuestro país ha existido polémicas sobre los llamados contratos administrativos diferenciados de los contratos de derecho privado de la Administración. La diferencia entre uno y otro estriba en la presencia o no del "interés público". Suponiendo que en Venezuela se acepte el *Acuerdo de Lenidad*, salvo que la ley especial contemple una calificación específica, correríamos el riesgo de calificarlo de contrato administrativo porque existe en dichos Acuerdos un evidente interés público en facilitar al Estado todas las investigaciones y ahorro de costos para las arcas públicas. Para más detalles véase BREWER-CARÍAS, A.R. ... *Contratos administrativos* .... 2021, p. 65-81.

128 RODRÍGUEZ GARCÍA, N. y MACHADO DE SOUZA, R. ... El 'Acuerdo de lenidad'... 2019, p. 312. En Brasil propiamente sólo existe la creación del Acuerdo en los ámbitos administrativo y civil. La fiscalía de la na-

más que la legislación del Brasil afinque que son creaciones administrativas, los *Acuerdos de Lenidad* terminan validándose judicialmente en procesos penales, esto, atestiguado por las polémicas en diferentes países como por ejemplo Argentina, que reclamó pruebas a Brasil y esta cooperaría siempre que "(...) *las autoridades* [argentinas] *se comprometen a no iniciar procesos judiciales contra los ejecutivos de la empresa que brindaron la información* (...)"[129].

De allí la necesaria homologación judicial para su validez cuando sean aplicados en jurisdicciones más allá de Brasil, pues, el *Acuerdo de Lenidad* no funciona como el NPA o DPA donde son propuestos y suscritos a la sombra de un proceso penal. El Acuerdo es creado administrativamente dado que la Ley Anticorrupción no recoge propiamente delitos, pero si con lo que se llama "actos lesivos" o actos "ilícitos"[130]. Posteriormente, en casos penales, la Fiscalía en Brasil verifica si decide trasladar o no los efectos del Acuerdo, para así fundamentar su no presentación de cargos o acusación penal.

---

ción carioca los ha extendido hacia los procesos penales, no tanto como una forma anómala de terminación procesal (Vgr. transacción), sino como un elemento de prueba cuya fuerza fundamenta la aplicación del principio de oportunidad procesal por el Fiscal en un juicio de naturaleza criminal.

129 Véase el reportaje de IVÁN RUÍZ "Caso Odebrecht: se complicó el acuerdo de cooperación con Brasil", en *Diario La Nación,* Buenos Aires, edición de fecha 3 de junio de 2017 [Consulta: 20 de febrero 2021] [En: https://www.lanacion.com.ar/politica/caso-odebrecht-se-complico-el-acuerdo-de-cooperacion-con-brasil-nid2030096/]

130 RODRÍGUEZ GARCÍA, N. y MACHADO DE SOUZA, R. ... El 'Acuerdo de lenidad'... 2019, p. 302. En efecto, establece el artículo 5 de la Ley Anticorrupción: "(...) Constituem atos lesivos à administração pública, nacional ou estrangeira, para os fins desta Lei, todos aqueles praticados pelas pessoas jurídicas mencionadas no parágrafo único do art. 1°, que atentem contra o patrimônio público nacional ou estrangeiro, contra princípios da administração pública ou contra os compromissos internacionais assumidos pelo Brasil, assim definidos: (...)".

El Acuerdo es un contrato en razón de la libertad que existe para tomarlo o no por la persona responsable penalmente. Puede ser ofrecido -siguiendo el modelo brasilero- por el ente administrativo donde han ocurrido los fraudes, o bien, el Ministerio Público Fiscal conmina para su celebración con el ente público para así evitar llevar a la persona jurídica a juicio penal. También, esa persona jurídica responsable que asume la culpabilidad puede peticionar que se celebre el *Acuerdo de Lenidad*, siendo discrecional del ente administrativo donde ocurrió el fraude, concretarlo o no[131].

En cuanto a que debe ser calificado por la ley, esto los reviste de tipicidad propia, pues, al ser el Acuerdo un contrato, correríamos el riesgo de aplicar por supletoriedad las reglas de la contratación tanto civil como administrativa al momento de encontrarnos frente a la clásica laguna contractual como en efecto explicamos *ut supra*. Es esencial para la presencia nítida de un *Acuerdo de Lenidad*, que una ley formal lo contemple como ocurre en la *Lei Anticorrupção* de 2013, puesto que a diferencia del *common law* donde el precedente otorga un sustento de seguridad jurídica[132], en nuestros sistemas del *civil law*, al estar dentro de la esfera administrativa nunca estarían exentos de haber sido conformados con el componente de discrecionalidad, por tanto, la susceptibilidad de estar viciados por desviación de poder.

Segundo, el *Estado y la persona jurídica responsable establecen los parámetros, modos, condicionantes y procedimientos de colaboración probatoria efectiva*. Esta segunda nota característica parte del hecho que la persona jurídica haya aceptado de manera irrefutable -y sin cortapisas- que es culpable de los delitos o actos fraudulentos. No puede existir un margen de duda al respecto, que facilite una hendidura vacilante, donde la empresa pueda viciar veladamente la

---

131 RODRÍGUEZ GARCÍA, N. y MACHADO DE SOUZA, R. ... El 'Acuerdo de lenidad'... 2019, p. 305.

132 Al respecto, véase MORAL SORIANO, L. *El precedente judicial.* Madrid, 2002, Marcial Pons, p. 37.

negociación del Acuerdo y exprese que es medianamente responsable. ¡O se es responsable o no lo es! Si la compañía considera que no lo es por motivos más que todo de protección comercial, entonces, el *Acuerdo de Lenidad* estaría viciado desde su origen, y sería este acuerdo, una suerte de táctica dilatoria inaceptable ni moral ni procesalmente hablando.

Una vez aceptada la responsabilidad, el *Acuerdo de Lenidad* establecería los parámetros para su ejecución, alcance del mismo, condicionantes temporales para cumplirlos, procedimientos y aceptación de asumir los costos de los mismos para las debidas investigaciones. Además, no puede por ningún motivo perderse el *horizonte probatorio*, haciendo una clara diferenciación que los *Acuerdos de Lenidad* no son Acuerdos Probatorios[133], éstos últimos, con una finalidad de reconocimiento de pruebas para el proceso penal.

La celebración de un *Acuerdo de Lenidad* tiene su causa en que la persona jurídica responsable, que ha aceptado su culpabilidad, posee no sólo la identificación e información de las personas físicas involucradas, sino que, tiene en su poder la documentación y demás elementos que comprueba el ilícito investigado[134], hasta el punto que no hacerlo, pondría al Estado en una desventaja que comprometería todo el proceso penal relativo a dichos fraudes.

Tercero, *para reparar los daños ocasionados con el fraude*. No podemos bajo ninguna premisa aceptar que el *Acuerdo de Lenidad* es un "perdón" que limpia de toda culpa a la persona jurídica, y que, en razón de su imprescindible aporte para dar a conocer al Estado los pormenores del "ecosistema organizacional"; salga indemne de reparaciones. La persona jurídica culpable debe resarcir el daño oca-

[133] Sobre los Acuerdos Probatorios, véase RODRÍGUEZ CAMPUZANO, A. "Los Acuerdos Probatorios como Mecanismo de Despresurización de la Controversia y su Impacto en la Etapa de Juicio Oral", *Nova Iustitia - Revista Digital de la Reforma Penal,* N° 17, 2016, p. 121-130.

[134] RODRÍGUEZ GARCÍA, N. y MACHADO DE SOUZA, R. ... El 'Acuerdo de lenidad'... 2019, p. 341.

sionado, casi siempre, a través del pago de multas[135] u otras sumas por otro concepto dinerario. He allí la principal consecuencia de su concreción: *no existe eximente de reparación del daño*[136]. Sin embargo, podemos encontrar que a veces la reparación más efectiva hacia la administración pública radica en la asunción de los costos de las investigaciones ordenadas en el Acuerdo, que muchas veces, significan de mayor onerosidad que pagar una multa.

Cuarto, *contribuir al sistema de prevención, complianza y fortalecimiento de los mecanismos de control fiscal.* Quizá una de las funciones caracterizadoras y deseadas de cualquier *Acuerdo de Lenidad*, es que al introducirnos la propia persona responsable dentro del esquema, lógica y mecanismo "corruptor", los entes públicos involucrados aprendan y corrijan los sistemas de detección de fraudes, enriquezcan el modelo de complianza y fortalezcan el sistema de control fiscal. En pocas palabras, una función disuasoria de futuras prácticas ilícitas[137]. Somos de la tesis que esta es una de las más emblemática características del *Acuerdo de Lenidad*, puesto que, pone siempre en tensión la efectividad o no de la complianza o control preceptivo de la Administración.

Esta contribución será de suma importancia dentro del concepto del "ciclo del fraude". La fase de "corrección" siempre estará alimentada por la experiencia real del modelo asumido y que se prueba sólo cuando han ocurrido las trasgresiones y se han evitado daños o actos fraudulentos. De ocurrir, entonces, la detección de las fallas sería más evidente y, por tanto, modificable haciendo cualquier mo-

---

135 Artículo 6, § 4° de la *Lei Anticorrupção*. Debe resaltarse que la misma ley citada las únicas sanciones que quedan exentas son las relativas a la publicación de la decisión donde se declara la culpabilidad (Art. 6, Inciso II) y la prohibición de recibir subsidios y demás ayudas o colaboraciones de la Administración Pública, incluida, la capacidad para contratar con el Estado (Art. 19, Inciso IV).

136 FRIDRICZEWSKI, V. ... *Acuerdos de lenidad en Brasil* ..., 2020, p. 107.

137 FRIDRICZEWSKI, V. ... *Guión para estudio* ..., 2020, p. 6.

delo de *compliance* un concepto extremadamente dinámico. Por ello, el *Acuerdo de Lenidad* más allá de querer ser mostrado como un beneficio como ocurre en los NPA/DPA, de prevención de daños colaterales[138], termina por autobautizarse un correctivo permanente a la natural inclinación de los defectos de organización de la empresa.

Las Administraciones Públicas deben aprender a colaborar con el sector privado para evitar ser engañadas. El entramado administrativo público, sujeto a permanentes controles y con finalidades basadas en el interés público, casi siempre es lerdo al momento de detectar sus fallas, donde muchas veces, al ocurrir, por razones de índole política es preferible ocultarlas.

D. El Acuerdo de Lenidad y su diferencia con otras instituciones análogas

Nuestra definición propia, explicada en las páginas anteriores, nos lleva obligatoriamente a diferenciar los *Acuerdos de Lenidad* con otras figuras análogas, sea por el fin perseguido o la similitud de fundamentos o consecuencias, inclusive, por homonimia. La doctrina desde hace un siglo ha encontrado en el concepto de Derecho penal premial[139] una fuente para sostener estas formas diferenciadas de conclusión procesal sin concluir el procedimiento según las normas adjetivas.

---

138 TURIENZO FERNÁNDEZ, A. ... "¿Oportunidad procesal en las causas penales seguidas contra personas jurídicas?..., 2020, p. 513-515.

139 Sobre el Derecho Penal Premial, debemos hacer referencia a la obra de LUIS JIMÉNEZ DE ASÚA. *La recompensa como prevención general. El Derecho premial.* Madrid, 1915, Hijos de Reus Editores. Posterior a este trabajo la doctrina ha construido una plataforma evolutiva sobre las maneras por las cuales el concepto de "premio" al responsable que colabora se torna cada vez más refinada. A ello debemos aunar lo planteado en la primera parte sobre la tesis del Derecho penal a dos velocidades, donde la pena privativa de libertad se va reduciendo como solución efectiva y ejemplarizante de que el "crimen no paga".

Antes de entrar a revisar cada institución análoga debemos diferenciar los denominados "Programas de Lenidad" (o también Programas de Clemencia - *Leniency Programmes*) con los *Acuerdos de Lenidad* dado que los primeros son muy extendidos en razón de su carácter internacional. Los *Programas de Lenidad* son formulados desde la propia OCDE para producir un potencial aumento de la responsabilidad de manera indirecta, estableciendo mecanismos para:

> "(...) Markers can therefore be seen as a mechanism to spur the race for leniency by reducing the initial barriers to entry into the leniency programme and by providing transparency and predictability to parties regarding their leniency status (first-in, second-in, etc.). At the same time, commentators have noted that there are differences in marker policies across jurisdictions with respect to their availability, the information requirements, timing, and scope, which may dis-incentivise companies engaged in international hard-core cartels from using the leniency programmes (...)"[140]

El *Programa de Lenidad* ha tenido suficiente impacto en la concepción preventiva del fraude, hasta el punto que los estudios de la propia OCDE indican que aproximadamente el 95% del total de recursos obtenidos por sanciones a las personas jurídicas, hasta diciembre de 2018[141], provinieron de Acuerdos concebidos desde los *Programas de Lenidad*, en aquellos países que han adoptado éstos últimos. De esta manera, el *Acuerdo de Lenidad* puede concebir o generar *Programas de Lenidad* los que sistematizarán las buenas prácticas para su implementación, tal como sugieren los marcado-

---

140 Para más detalles, véase véase https://www.oecd.org/daf/competition/markers-in-leniency-programmes.htm

141 Véase OECD. *Resolving Foreign Bribery Cases with Non-Trial Resolutions: Settlements and Non-Trial Agreement by Parties to the Anti-Bribery Convention.* 2019, en: www.oecd.org/corruption/Resolving-Foreign-Bribery-Cases-with-Non-Trial-Resolutions.htm

res de estos programas aprobados en 2014 por la OCDE[142]. Sin embargo, el *Acuerdo de Lenidad* es una creación basada en la política legislativa del Brasil más que concreción de una directiva de la OCDE.

Dilucidadas esta situación de homonimia, queremos advertir que, para diferenciar el *Acuerdo de Lenidad* con otros conceptos o procedimientos análogos, emplearemos las regulaciones normativas de España y Venezuela para evitar que el estudio se dilate dada la riqueza presente en diferentes legislaciones. Por esta razón nos circunscribiremos a las instituciones de la Admisión de los hechos, los Acuerdos reparatorios, la Delación premiada, la Conformidad y la Cooperación efectiva; todos, vinculados tanto al Derecho penal premial como al Principio de oportunidad procesal.

a. La admisión de los hechos

La admisión de los hechos es una de las figuras de vigencia anticipada introducidas en Venezuela con la aprobación, en 1998, del entonces primer CÓDIGO ORGÁNICO PROCESAL PENAL (en adelante COPP)[143], que sustituiría al proceso penal de corte inquisitivo pre-

142 Véase OECD. *Using leniency to fight hard core cartels.* En: https://www.oecd.org/daf/ca/1890449.pdf También: https://www.oecd.org/officialdocuments/publicdisplaydocumentpdf/?cote=DAF/COMP/WP3/WD(2014)45&docLanguage=En

143 Publicado en Gaceta Oficial de la República de Venezuela (extraordinario), N° 5.208 de fecha 23 de enero de 1998. Sufrió posteriores modificaciones que fueron publicadas en las Gacetas Oficiales de la República Bolivariana de Venezuela, N° 37.022 (ordinario), de fecha 25 de agosto de 2000; N° 5.558 (extraordinario) de fecha 14 de noviembre de 2001; N° 38.536 (ordinario) de fecha 04 de octubre de 2006; N° 5.930 (extraordinario) de fecha 04 de septiembre de 2009; y la última reforma vigente, dictado mediante Decreto Presidencial (N° 9.042), mediante el cual se dicta el Decreto con Rango, Valor y Fuerza de Ley del Código Orgánico Procesal Penal, Gaceta Número 6.078 (extraordinario) de fecha 15 de junio de 2012. Sobre la evolución venezolana

visto en el centenario CÓDIGO DE ENJUICIAMIENTO CRIMINAL[144]. Consiste, según el COPP, en:

"(...)

Admisión de los Hechos.

Artículo 371. El procedimiento por admisión de los Hechos procederá desde la audiencia preliminar, una vez admitida la acusación presentada por el Ministerio Público, hasta antes de la recepción de pruebas.

En la aplicación de esta institución, se observarán las siguientes reglas:

1. Cuando la Admisión de los Hechos, sea solicitada de manera libre y voluntaria por el imputado o imputada, en la oportunidad de celebrarse la audiencia preliminar, y el Juez o Jueza de Instancia Municipal, verifique que éste o ésta, durante la fase

---

del Derecho Procesal Penal, véase Al respecto, véase VÁSQUEZ, M. *Nuevo derecho procesal penal venezolano: las instituciones básicas del Código Orgánico Procesal Penal,* Caracas, 1999, Universidad Católica Andrés Bello. HAN CHEN, P.L. "Algunas reflexiones sobre la reforma al Código Orgánico Procesal Penal Venezolano", *Capítulo Criminológico,* N° 29, Maracaibo, junio 2001, p. 83-11. RODRÍGUEZ MORALES, A. J. "Aspectos fundamentales del nuevo Código Orgánico Procesal Penal", *Revista de la Facultad de Ciencias Jurídicas y Políticas de la Universidad Central de Venezuela,* N° 116, 2000, p. 399-410. TROCONIS, M. "A propósito de la propuesta de reforma del Código Orgánico Procesal Penal", *Revista de Derecho Constitucional,* N° 2, 2000, Caracas, p. 339-346. MAYAUDÓN, J.E. "Comentarios a la reforma de la Fiscalía General de la República al Código Orgánico Procesal Penal y su adecuación a la Constitución Nacional", *Relación Criminológica,* N° 8, 2000, Valencia (Venezuela), p. 7-99.

[144] La última reforma del Código de Enjuiciamiento Criminal fue publicado en Gaceta Oficial de la República de Venezuela (extraordinario), N° 748 de fecha 03 de febrero de 1962.

preparatoria incumplió de acuerdo a lo previsto en el artículo 362 de este Código, con una Fórmula Alternativa a la Prosecución del Proceso que le hubiese sido acordada; rebajará la pena que resulte aplicable solamente en un tercio. Igual rebaja aplicará si luego de acordada la Fórmula Alternativa a la Prosecución del Proceso durante la audiencia preliminar, se determina el incumplimiento de la misma.

2. Cuando la Admisión de los Hechos, sea solicitada de manera libre y voluntaria por el imputado o imputada, en la oportunidad de la audiencia preliminar, y el Juez o Jueza de Instancia Municipal, verifique que éste o ésta, durante la fase preparatoria, no hizo uso de las Fórmulas Alternativas a la Prosecución del Proceso; rebajará la mitad de la pena que resulte aplicable.

3. Cuando la Admisión de los Hechos, sea solicitada de manera libre y voluntaria por el acusado o acusada, ante el Tribunal de Juicio, previo al inicio del debate probatorio; el Juez o Jueza de Juicio; rebajará la pena que resulte aplicable solamente un tercio (...)"

Al momento de implementarse en 1998 el COPP, sólo tres instituciones tuvieron vigencia anticipada (entre ellas la admisión de los hechos), pues, la *vacatio legis* de ese entonces abarcaba más de un año. En la admisión de los hechos si bien existe una rebaja a la pena, como pudiera operar tan igual a una de las consecuencias del *Acuerdo de Lenidad* (disminución hasta 2/3 de la multa según la legislación anticorrupción de Brasil), se diferencia por la conducta del imputado en cuanto la manera en que admitió los hechos y sus fórmulas alternas de prosecución del proceso[145], amén que el *Acuerdo*

[145] RIVERA MORALES, R. *Código Orgánico Procesal Penal. Comentado y concordado con el COOP, la Constitución y otras Leyes.* Barquisimeto, 2013, Jurídicas Rincón, p. 403. Es importante aclarar que la admisión de los hechos, a pesar de tramitarse en un procedimiento específico previsto en el COPP, muchas veces pudiera confundirse con la lla-

de Lenidad es creación netamente administrativo con mecanismos propios del Derecho administrativo sancionatorio. ¿Qué puede ser utilizado dicho Acuerdo en un proceso penal? Es factible, siempre y cuando, sea en un tercer país (fuera de Brasil).

b. Los acuerdos reparatorios

Con la entrada en vigencia del COPP, así como se reconoció la importancia de la admisión de los hechos, en razón de la lógica del Derecho penal premial, se aprobaron por primera vez en Venezuela los llamados "Acuerdos Reparatorios". Estos últimos se regula según lo dispuesto en el artículo 41 *ejusdem*:

"(...)

Procedencia.

Artículo 41. El Juez o Jueza podrá, desde la fase preparatoria, aprobar acuerdos reparatorios entre el imputado o imputada y la víctima, cuando:

1. El hecho punible recaiga exclusivamente sobre bienes jurídicos disponibles de carácter patrimonial.

2. Cuando se trate de delitos culposos contra las personas.

A tal efecto, deberá el Juez o Jueza verificar que quienes concurran al acuerdo hayan prestado su consentimiento en forma libre y con pleno conocimiento de sus derechos, y que efectivamente se está en presencia de un hecho punible de los antes señalados.

---

mada "confesión súbita", que se produce cuando el acusado renuente a reconocer su culpabilidad se le confronta preliminarmente con el acervo probatorio donde no le queda más escapatoria que confesar. Al respecto, véase PÉREZ SARMIENTO, E.L. ... *Manual de Derecho Procesal Penal ...*, 2011, p. 444.

Se notificará a el o la Fiscal del Ministerio Público a cargo de la investigación para que emita su opinión sobre la viabilidad del acuerdo reparatorio.

El cumplimiento del acuerdo reparatorio extinguirá la acción penal respecto del imputado o imputada que hubiere intervenido en el. Cuando existan varios imputados o imputadas o víctimas, el proceso continuará respecto de aquellos que no han concurrido al acuerdo.

Cuando se trate de varias víctimas, podrán suscribirse tantos acuerdos reparatorios, como víctimas existan por el mismo hecho. A los efectos de la previsión contenida en el aparte siguiente, se tendrá como un único acuerdo reparatorio, el celebrado con varias víctimas respecto del mismo hecho punible.

El en supuesto previsto en el numeral primero de este artículo, sólo se podrá aprobar un nuevo acuerdo reparatorio a favor del imputado o imputada, después de transcurridos tres años desde la fecha de cumplimiento de un anterior acuerdo. A tal efecto, el Tribunal Supremo de Justicia, a través del órgano del Poder Judicial que designe, llevará un registro automatizado de los ciudadanos y ciudadanas a quienes les hayan sido aprobados acuerdos reparatorios y la fecha de su realización.

En caso de que el acuerdo reparatorio se efectúe después que el o la Fiscal del Ministerio Público haya presentado la acusación, y ésta haya sido admitida, se requerirá que el imputado o imputada, en la audiencia preliminar, o antes de la apertura del debate, si se trata de un procedimiento abreviado, admita los hechos objeto de la acusación. De incumplir el acuerdo, el Juez o Jueza pasará a dictar la sentencia condenatoria, conforme al procedimiento por admisión de los hechos (...)"

Nótese que lo previsto en el COPP tienen semejanza con el *Acuerdo de Lenidad* en una sola característica: *la reparación*. Poco o casi nada, se ha vinculado el acuerdo reparatorio con medidas posteriores de colaboración[146], como en efecto, ocurre en el *Acuerdo de Lenidad*. La reparación del daño en la Lenidad es una de las consecuencias necesarias, mientras que en los reparatorios venezolanos se torna quizá en la **única consecuencia de su suscripción**. Inclusive, en la legislación anticorrupción venezolana[147], los acuerdos repara-

---

[146] El TRIBUNAL SUPREMO DE JUSTICIA DE LA REPÚBLICA BOLIVARIANA DE VENEZUELA, en su Sala Penal ha establecido criterios sobre estos Acuerdos Reparatorios, tal como se indica en la sentencia número 649 de fecha 02 de agosto de 2001 con ponencia del Magistrado Alejandro Angulo Fontiveros. Para más detalles, véase www.tsj.gov.ve

[147] En Venezuela, la legislación penal especializada en combate contra la corrupción puede dividirse en cuatro etapas: 1era.- Inicia en 1912 con la *Ley de Responsabilidad de Funcionarios Públicos* (publicada en Gaceta Oficial de los Estados Unidos de Venezuela, ordinaria, N° 11.637 de fecha 11 de junio de 1912) culminando en 1945 con la aprobación del Tribunal de responsabilidad administrativa creado por la Junta Revolucionaria de Gobierno; 2da.- Comienza al sancionarse la *Ley contra el Enriquecimiento Ilícito de Funcionarios y Empleados Públicos* de 1948, reformada en 1964, donde la sustanciación de las causas por esta tipología de delitos eran conocidas por los tribunales penales ordinarios. 3era.- Se estrena con la aprobación de la *Ley Orgánica de Salvaguarda del Patrimonio Público* de 1982, donde, el combate contra la corrupción comienza abordarse como especialidad dentro del sistema de competencias de la jurisdicción penal, hasta el punto de crearse tribunales especializados que juzgaban los casos de corrupción y una mayor ampliación de las facultades administrativas sancionatorias de la Contraloría General de la República. 4ta.- Con la puesta en vigencia, en 2003, de la *Ley contra la Corrupción*, ésta última, reformada por vía de Decreto Presidencial N° 1.410 con rango, valor y fuerza de Ley de dudosa constitucionalidad, en razón que los decretos-leyes tienen como límite la garantía de reserva legal al Parlamento sobre legislación tributaria y punitiva. La reforma fue publicada En Gaceta Oficial de la República Bolivariana de Venezuela (extraordinario) N° 6.155 de fecha 19 de noviembre de 2014. Sobre los antecedentes históricos de la lucha contra la corrupción en Venezuela, véase PÉREZ LUCIANI, G. *Los derechos y garantías constitucionales y la Ley Orgánica de Salvaguarda del Patrimonio Público*, , en:

torios son reconocidos pero a diferencia del régimen procesal penal general del COPP, aquellos sencillamente **servirán como atenuante de la responsabilidad penal** de quien cometa delitos de corrupción[148], por tanto, no se extingue la acción penal contra el responsable de estos delitos[149].

En los *Acuerdos de Lenidad*, el simple hecho de pagar la multa no excluye de otras obligaciones -inclusive más importantes- que conlleva, más allá del horizonte reparatorio. Por ello, es más que nítida la diferencia entre estas instituciones.

AAVV. *Archivo de Derecho Público y Ciencias de la Administración. Régimen Jurídico de Salvaguarda del Patrimonio Público,* Caracas, 1985, Instituto de Derecho Público de la Facultad de Derecho de la Universidad Central de Venezuela, Vol. VI, p. 15-31.

148 En efecto, el artículo 57 de la vigente *Ley Contra la Corrupción*, establece: "(...) Cuando el culpable de alguno de los delitos previstos en los artículos precedentes, antes de iniciarse la investigación, haya restituido lo apropiado o distraído, o reparado enteramente el daño causado, en el caso de que por la naturaleza del hecho o por las circunstancias no fuere posible la restitución, la pena se disminuirá en dos terceras (2/3) partes.

Si la restitución o la reparación se efectúa en el curso del juicio antes de dictarse sentencia de primera instancia, la pena se podrá disminuir hasta la mitad. Cuando el reintegro fuere parcial en cualquiera de los dos casos señalados, se podrá disminuir la pena hasta en una cuarta (1/4) parte, según la cantidad reintegrada o el daño reparado y la gravedad y modalidades del hecho punible (...)".

149 Al respecto, véase MORENO BRANDT, C.E. "El procedimiento en la Ley contra la Corrupción", en *Comentarios a la Ley contra la Corrupción,* Caracas-Valencia, 2008, Vadell Hermanos Editores, p. 175-176.

c. La delación premiada

La delación premiada posee larga y contradictoria data en materia penal[150]. Es un concepto omnicomprensivo propio de la política criminal que asume varias denominaciones como colaboración con la justicia, colaborador arrepentido, etc. En los Tratados y Convenios Internacionales están contemplados, con una terminología de un mismo tenor[151]. Ahora bien, este concepto va más allá de la mera

150 Al respecto, véase ORTÍZ, J. *Los delatores en el proceso penal. Recompensas, anonimato, protección y otras medidas para incentivar una "colaboración eficaz" con la Justicia.* Madrid, 2018, Wolters Kluber. También, del mismo autor, "La delación premiada en España: instrumentos para el fomento de la colaboración con la justicia", *Revista Brasileira de Direito Processual Penal,* Vol. 3, N° 1, 2017, p. 39-70. Ortiz indica en su trabajo sobre la delación premiada en España, p. 43, lo siguiente: "(...) *A pesar de estas premisas iusfilosóficas contrarias al uso de la delación como instrumento de obtención de información, y a falta de una reforma del sistema procesal penal español que incorpore distintas modalidades de retirada o suspensión de la acusación por colaboración con la Justicia, basada en motivos de oportunidad (salvo excepciones puntuales en algunos delitos leves ya utilizables), el ordenamiento jurídico español cuenta con diversos instrumentos legales a los que la Jurisprudencia ha acudido últimamente a la hora de incentivar al máximo esa colaboración con la Justicia, mediante la aportación de información esencial para el proceso penal, por parte de los ciudadanos, testigos, trabajadores, coimputados, e incluso reos arrepentidos.* (...)" Véase también, FERNÁNDEZ AJENJO, J.A. "Estatus axiológico de la directiva de protección al denunciante", *Revista Administración & Ciudadanía EGAP,* Vol. 15, N° 1, 2020, p. 241-264.

151 En la Convención de Palermo (2000) está contemplada en el artículo 26. En la UNCAC aparece la misma fórmula en su artículo 37 de la siguiente manera: "(...) **Artículo 37 *Cooperación con las autoridades encargadas de hacer cumplir la ley.***

1. Cada Estado Parte adoptará medidas apropiadas para alentar a las personas que participen o hayan participado en la comisión de delitos tipificados con arreglo a la presente Convención a que proporcionen a

reparación o prevención, pues, incluye no sólo a la persona que ha causado el delito, sino también a la víctima, a los testigos y todos aquellos que están vinculados con el hecho punible. Con la delación premiada se establecen verdaderos "derechos" a quien se "arrepiente bien arrepentido" y pueda prestar una colaboración efectiva en las investigaciones.

Los *Acuerdos de Lenidad* pudieran entrar dentro de la categoría genérica que abarca la delación premiada, más sin embargo, se dife-

---

las autoridades competentes información útil con fines investigativos y probatorios y a que les presten ayuda efectiva y concreta que pueda contribuir a privar a los delincuentes del producto del delito, así como a recuperar ese producto.

2. Cada Estado Parte considerará la posibilidad de prever, en casos apropiados, la mitigación de la pena de toda persona acusada que preste cooperación sustancial en la investigación o el enjuiciamiento de los delitos tipificados con arreglo a la presente Convención.

3. Cada Estado Parte considerará la posibilidad de prever, de conformidad con los principios fundamentales de su derecho interno, la concesión de inmunidad judicial a toda persona que preste cooperación sustancial en la investigación o el enjuiciamiento de los delitos tipificados con arreglo a la presente Convención.

4. La protección de esas personas será, mutatis mutandis, la prevista en el artículo 32 de la presente Convención.

5. Cuando las personas mencionadas en el párrafo 1 del presente artículo se encuentren en un Estado Parte y puedan prestar cooperación sustancial a las autoridades competentes de otro Estado Parte, los Estados Parte interesados podrán considerar la posibilidad de celebrar acuerdos o arreglos, de conformidad con su derecho, interno, con respecto a la eventual concesión, por el otro Estado Parte, del trato previsto en los párrafos 2 y 3 del presente artículo (...)". De igual manera puede encontrarse documentos normativos comunitarios como la Resolución del Consejo de Europa de fecha 20.12.1996 y la Decisión sobre la lucha contra el terrorismo de fecha 13.06.2002 (2002/475/JAI), la Decisión Marco 2004/757/JAI, la 2008/841/JAI. También el artículo 376 del Código Penal Español.

rencian porque aquéllos no se configuran para "premiar" a la persona jurídica que confiesa su delito[152]; sino más bien para concretar pruebas y colaborar con el sistema de justicia a los fines de conocer los complejos mecanismos negociales en que se envuelven las personas jurídicas lícitas[153]. Además, el *Acuerdo de Lenidad* perfila una forma refinadamente intrusiva dentro de la empresa -pactada entre Administración y la persona jurídica- para exigir reformas estructurales a la misma, crear el programa de *compliance* o mejorar el ya implementado, concebir en su plantilla sea un comité de cumplimiento o un *compliance officer,* así como cualquier otra forma de organización empresarial.

---

[152] Existe una no muy clara vinculación cada vez que se precisa la delación premiada en las personas jurídicas con los beneficios que puede reportarle. Se habla que al evitarse el juicio criminal, como en los NPA/DPA, la persona jurídica que confiesa recibe un incentivo que evita costes reputacionales por su enjuiciamiento. Sin embargo, la propia doctrina ha detectado que esto no siempre es así, la persecución penal no es una cuestión de "vida o muerte" para la empresa, ya que, dependerá de lo que en Estados Unidos se denomina el *core business model* (núcleo duro del negocio) para medir el impacto de dichos costes en la reputación de la compañía. TURIENZO FERNÁNDEZ, A. ... "¿Oportunidad procesal en las causas penales seguidas contra personas jurídicas?..., 2020, p. 516.

[153] Como apunta TURIENZO FERNÁNDEZ, A. ... "¿Oportunidad procesal en las causas penales seguidas contra personas jurídicas?..., 2020, p. 529-530: "(...) El propósito principal de la responsabilidad penal de la persona jurídica sea el de satisfacer una función eminentemente instrumental consistente en ofrecer fuertes incentivos para que, en clara expresión de la máxima de que el crimen no paga, las empresas colijan que, antes que tolerar o promover el delito económico, les resulta más ventajoso disuadirlo preejecutivamente, a través de un programa compliance operativo. Mediante estas medidas de indagación se consigue encarecer el delito de empresa de potencial comisión por las personas físicas a partir del aumento de su coste percibido (...)" (subrayado nuestro).

La cada vez más acuciante sociedad del riesgo global obliga que este concepto de delación premiada se adecúe a los instrumentos internacionales, perdiendo los Estados soberanía para incorporarla en sus correspondientes políticas criminales. Es por ello que, la claridad terminológica que encierren los *Acuerdos de Lenidad* serán sumamente imprescindibles para su adaptación e implantación en aquellos países donde no están formalmente reconocidos en la legislación penal o procesal penal, ni siquiera, en la administrativa.

d. La conformidad

RODRÍGUEZ-GARCÍA y MARCHADO DE SOUZA, establecen que existe un paralelismo entre el *Acuerdo de Lenidad* y la figura de la conformidad en el Derecho procesal español[154]. Postura a la que discrepamos en razón que los *Acuerdos de Lenidad* nada tienen que ver con una forma premial en el proceso penal. Más bien en el caso español existe un procedimiento de naturaleza administrativa conocido como *Procedimiento de clemencia,* previsto en el artículo 6.5 de la Ley 15/2007 de 3 de julio en DEFENSA DE LA COMPETENCIA. En efecto, tan igual como ocurrió con el Acuerdo de Lenidad cuyo origen es la legislación administrativa en defensa de la competencia económica, en España, la clemencia puede perfectamente eximir a una empresa -o inclusive a persona física- del pago de una multa, siempre y cuando, sea la primera en:

> "(...) aportar elementos de prueba, que, a juicio de la Comisión, le permitan, bien ordenar el desarrollo de una inspección en relación con un cártel de precios, bien comprobar una infracción en relación con el referido ilícito (...)"[155]

---

[154] RODRÍGUEZ GARCÍA, N. y MACHADO DE SOUZA, R. ... El 'Acuerdo de lenidad'... 2019, p. 366. Véase también, NIEVA FENOLL, J. *Fundamentos de Derecho Procesal Penal,* Madrid, 2012, Edisofer, p. 216-222.

[155] NEIRA PENA, A.M. "Los privilegios del delincuente de cuello blanco en el proceso penal", RODRÍGUEZ-GARCÍA, N.; GONZÁLEZ-CASTELL,

A pesar de la claridad de las instituciones, no entendemos cómo se coteja este paralelismo con la conformidad, ya que, según RODRÍGUEZ-GARCÍA, esta última es:

> "(...) acto procesal unilateral, de naturaleza compleja y carácter dispositivo, consistente en la declaración de voluntad -escrita y, en ocasiones, oral- que emite el imputado -o los imputados-, asistido de su abogado, por el que se conforma con la pena solicitada en la acusación más grave formulada por las partes acusadoras y, en su caso, la responsabilidad civil, lo que provoca, si el órgano judicial lo admite, la finalización anticipada del procedimiento, sin la celebración del juicio oral, a través de una sentencia con todos los efectos de cosa juzgada (...)"[156] (subrayado nuestro)

La definición nos otorga los elementos para distinguir de manera nítida con el concepto de los *Acuerdos de Lenidad.* En efecto, estos últimos son verdaderos negocios jurídicos sinalagmáticos como indicamos en las páginas anteriores, que pueden contener algunos elementos propios de la conformidad como por ejemplo, el reconocimiento de la pena solicitada o por solicitarse. Sin embargo, a pesar que la conformidad se fundamenta en el principio de oportunidad procesal[157], no posee la libertad de contenido que necesariamente debe cumplir el *Acuerdo de Lenidad* en Brasil, dado que éste es un producto consensuado del Derecho Administrativo Sancionatorio, tal como indica RODRÍGUEZ-GARCÍA:

A.C. y RODRÍGUEZ-LÓPEZ, F. *Corrupción: Compliance, Represión y Recuperación de Activos,* Valencia, 2019, Tirant lo Blanch, p. 82.

156 RODRÍGUEZ GARCÍA, N. "La conformidad en el proceso penal de las personas jurídicas", en *Proceso penal y responsabilidad penal de personas jurídicas.* NEIRA PENA, A. y PÉREZ-CRUZ MARTÍN, A.J. (Coord.) Pamplona, 2017, Aranzadi-Thompson, p. 190.

157 RODRÍGUEZ GARCÍA, N. "Adecuación del proceso penal español a la fijación legal de la responsabilidad criminal de las personas jurídicas", *Revista Penal,* N° 35, 2015, p. 168-169.

"(...) Con base en este planteamiento, asentado sin problemas en el ámbito del Derecho Administrativo sancionador, si tomamos en consideración las consecuencias jurídicas de las conductas de las que puede ser responsable una persona jurídica, en especial la multa y la duración de algunas de las otras penas, es muy posible que el representante necesario de ésta contacte con el Fiscal o se dirija al Juez o Tribunal para que dicte sentencia de conformidad con el escrito de acusación que contenga pena de mayor gravedad, en la expectativa, o la certeza en el caso de los juicios rápidos donde legalmente hay una rebaja automática de un tercio de la pena, de recibir un trato material y procesal más favorable a sus intereses, aunque sea a costa de renunciar a importantes principios y garantías constitucionales. Estamos, pues, no ante una confesión o una admisión de los hechos propios, sino ante la asunción de una culpabilidad por parte del ente a través de su representante (...)"[158] (subrayado nuestro)

Sin entrar en detalles sobre esta institución procesal española, la conformidad comparte con el *Acuerdo de Lenidad* ese carácter tanto personalísimo del acusado como voluntario para formularlos, aunque difiere de la unilateralidad de la primera y de la esencia misma. En efecto, si bien la conformidad no puede asimilarse a la figura del contrato, responde a un acto donde el representante necesario de la empresa expresa ante el juez su "conformidad" con la acusación presentada por el Ministerio Público Fiscal.

El artículo 787 de la LECrim indica que es una auténtica condena penal, mientras que el *Acuerdo de Lenidad* se puede hacer valer en un proceso penal para cortarlo de forma inmediata, aunque sea de creación administrativa. En la conformidad no existen garantías para cerrar definitivamente el caso como si ocurre en el

158 RODRÍGUEZ GARCÍA, N. ... "Adecuación del proceso penal español ..., 2015, p. 169.

Acuerdo de Lenidad, por tanto, los riesgos de una condena penal por otros hechos conexos estarían siempre a la expectativa[159].

A pesar del paralelismo que indica RODRÍGUEZ GARCÍA y MACHADO DE SOUZA, existen diferencias sustanciales en cuanto al fin último de los *Acuerdos de Lenidad*, que repetimos, nada tiene que ver con "premiación" o sometimiento a la acusación del Ministerio Fiscal para asentir conformidad con la misma. En la conformidad no se exige que la empresa proceda a concretar investigaciones para contribuir al descubrimiento de fraudes a futuro, como sí ocurre en el *Acuerdo de Lenidad* considerándolo su esencia. Es por estas razones que discrepamos de lo afirmado por estos profesores, pues, sin entrar a defender la puridad del Derecho administrativo, resulta ilógico y metodológicamente cuesta arriba, establecer un paralelismo con la conformidad procesal española.

e. La cooperación efectiva

Otro de los conceptos que encontramos vinculados al contenido de los *Acuerdos de Lenidad*, tiene que ver con el de la "cooperación efectiva". No vamos a detallar lo que implica más sin embargo, subyace en la relación con la adopción a futuro de los programas de cumplimiento por aquellas empresas que han suscrito los Acuerdos[160]. Los tratos ventajosos para las compañías que deciden aceptar su responsabilidad en fraudes y delitos, no pueden circunscribirse a una entrega de documentos, a una erogación de dinero, o inclusive, a la propuesta de un *compliance*. Estos tratos deben necesariamente obligar a la empresa para que adopte un programa efectivo de complianza, que facilite investigaciones internas que ilustren a las autoridades competentes para aumentar los costes de corrupción.

---

159 TURIENZO FERNÁNDEZ, A. ... "¿Oportunidad procesal en las causas penales seguidas contra personas jurídicas?..., 2020, p. 545.

160 NEIRA PENA, A.M. ... *La persona jurídica como parte pasiva del proceso penal...*, 2015, p. 306.

2. *Naturaleza jurídica del Acuerdo de Lenidad*

Examinado el universo conceptual y terminológico del *Acuerdo de Lenidad,* así como sus principales diferencias con otras figuras conexas que entrañan la terminación anticipada de un proceso penal en contra de personas jurídicas, surge la necesaria determinación de la naturaleza jurídica de los mismos. Su radical importancia estriba en que una vez respondido el cuestionamiento sobre ¿qué es?, pudiéramos establecer el alcance de la institución o concepto abordado, así como, la aplicación de la normativa supletoria afín con su naturaleza, pues, aunque luzca paradójico, el abordaje de teorías que responden a esta pregunta tiene una clara finalidad práctica, como expresa MONTERO AROCA[161].

En el caso que nos ocupa, determinar la naturaleza jurídica de los *Acuerdos de Lenidad* resulta de capital importancia por las consecuencias prácticas en la estrategia colaborativa público-privada. Si estos acuerdos sustituyen en su totalidad el trabajo que debe realizar las fiscalías o los entes competentes para las investigaciones internas, entonces, *habría una delegación inaceptable de potestades públicas*, corriendo el grave peligro de someter al Estado al capricho de las empresas. Al contrario, si el *Acuerdo de Lenidad* resulta insuficiente o valga la redundancia, es aplicado con "Lenidad", entonces terminan ingresando dentro del arsenal procesal defensivo, desnaturalizándose al extremo de convertirlo en una argucia expedita para concluir un proceso penal sin imputar claramente la responsabilidad.

Este es un tema difícil porque debemos partir que la empresa privada siempre justificará su existencia en que su misión esencial es producir lucro y su lógica estará en franco enfrentamiento con la razón de existencia del Estado. Eso coloca en desventaja al Estado, pues, a los fines de evitar cualquier política abiertamente

---

[161] MONTERO AROCA, J., GÓMEZ COLOMER, J.L., BARONA VILLA, S. *Derecho jurisdiccional I, parte general,* Valencia, 2019, Tirant lo Blanch, p. 118-119.

intervencionista, debe encontrar lo que en lenguaje de las obligaciones se llama "equilibrio contractual". El *Acuerdo de Lenidad*, visto de esta manera, no puede determinar su naturaleza jurídica si es un negocio o no, pues, ya está más que dilucidado y aceptado que es un Convenio, para más señas, sinalagmático, heterodoxo y bilateral[162].

Más bien la respuesta a esa incisiva pregunta del ¿qué es? está ubicada sobre su funcionalidad, es decir, deducirlo de la *ratio* para la cual fue creado. Es por ello que asumir este criterio nos ubica en la disyuntiva de entender que el *Acuerdo de Lenidad* o es un convenio bilateral para controlar la delegación de las funciones estatales, o bien, un remedio procesal con claros condicionantes sobre el futuro de la actividad económica de la empresa y la prevención de conductas propias del denominado "defecto de organización".

A. La tesis de la cesión de funciones estatales

La primera de las teorías que busca explicar el *Acuerdo de Lenidad* deriva en buena parte de la concepción originaria de los DPA/NPA, en la cual, la persona jurídica responsable colabora con el Estado para realizar investigaciones que por razones políticas y jurídicas sólo le corresponden a los órganos competente del entramado estatal.

Como indicamos, una de las desventajas de estas negociaciones, sobre todo en los Estados Unidos, es la desnaturalización de la estrategia colaborativa entre el órgano público y la empresa responsable, donde la Fiscalía:

> "(...) espere pacientemente a que las investigaciones internas concluyan para luego confiar ciegamente en la información entregada, en cuyo caso, pareciese que más que hablar de una co-

162 FRIDRICZEWSKI, V. ... *Acuerdos de lenidad en Brasil* ..., 2020, p. 101.

laboración "*estrictu sensu*" haríamos referencia a una plena delegación de competencias Estado-Empresa (...)"[163] (subrayado nuestro)

Visto así, los *Acuerdos de Lenidad* pudieran llevar ínsitos una indeseada cesión funcional de los órganos públicos encargados del control hacia nada menos y nada más que la persona responsable, pronosticándose de antemano el resultado: *la impunidad total*. De ser aceptada esta teoría, el *Acuerdo de Lenidad* además de formar parte del arsenal procesal para la defensa penal de la compañía, implicaría un costoso instrumento de adulteración de la verdad puesto que si desde un principio el Estado se encuentra en posición desfavorable frente a la persona jurídica, no es necesario mayor esfuerzo racional para prever qué ocurriría si ese mismo Estado refuerza esa posición por cuanto, le resulta muy cómodo que la persona jurídica culpable lleve a cabo todo el trabajo que le corresponde a él.

Un sector de la doctrina observa en estos acuerdos una suerte de privatización de la investigación criminal[164], cuyo mayor peligro no es tanto que las empresas decidan llevar adelante dichas indagatorias, sino, la discriminación del empleado de la compañía investigada por cuanto ya no podría defenderse porque sus derechos procesales estarían subordinados a la confidencialidad suscrita en el respectivo contrato de trabajo[165].

---

163 TURIENZO FERNÁNDEZ, A. ... "¿Oportunidad procesal en las causas penales seguidas contra personas jurídicas?..., 2020, p. 520-521.

164 CARRILLO DEL TESO, A. "El 'fundido negro' de la prueba en la persecución de la delincuencia económica", RODRÍGUEZ-GARCÍA, N.; GONZÁLEZ-CASTELL, A.C. y RODRÍGUEZ-LÓPEZ, F. *Corrupción: Compliance, Represión y Recuperación de Activos,* Valencia, 2019, Tirant lo Blanch, p. 472.

165 CARRILLO DEL TESO, A. ... El 'fundido negro' de la prueba ... 2019, p. 475.

Ante esta situación, y para evitar caer en la tesis de la cesión de funciones o privatización de las indagaciones, TURIENZO[166] citando a BAER, trae a colación los tres modelos de colaboración Estado-Empresa en las investigaciones de carácter criminal consecuencias de un *Acuerdo de Lenidad*. Estos son:

MODELO SECUENCIAL	La empresa recolecta en primer lugar fuentes de prueba sobre el ilícito y se traslada a la Fiscalía
MODELO COOPERATIVO	Trabajo simultáneo, codo a codo, dirigido por la Fiscalía
MODELO COMPETITIVO	Ambos trabajan de forma independiente como si fueran adversarios, buscando ser los primeros en recopilar fuentes de prueba sobre los fraudes

Para evitar caer en la teoría de la cesión de funciones -indeseable para más señas- debe desde un principio concebirse tanto limitaciones legales y administrativas *ex ante* y *ex post* una vez celebrado el *Acuerdo de Lenidad.* Por ello, en nuestra definición insistimos en la obligatoria calificación legal de estos Acuerdos para poder suscribirse, precisándose claras delimitaciones sobre cómo, cuándo, fundamento y formas en que deben celebrarse. En países como Argentina o Francia -señala TURIENZO[167]- existe un efectivo control judicial sobre tipos de acuerdos muy parecidos a los de lenidad por sus consecuencias recíprocas.

---

166 TURIENZO FERNÁNDEZ, A. ... "¿Oportunidad procesal en las causas penales seguidas contra personas jurídicas?..., 2020, p. 521.

167 TURIENZO FERNÁNDEZ, A. ... "¿Oportunidad procesal en las causas penales seguidas contra personas jurídicas?..., 2020, p. 525. Señala en específico, la Ley 27.401 Argentina y los llamados *convention judiciaire d'interêt public* franceses.

B. La tesis del remedio procesal

La segunda teoría que fundamentaría nuestros *Acuerdos de Lenidad* -y quizá la mas deseable- es la relativa al concepto de remedio procesal con el que el Estado busca suplir sus deficiencias al momento de realizar investigaciones empresariales en procesos relativos a la responsabilidad penal de las personas jurídicas.

Como hemos estudiado, originalmente los *Acuerdos de Lenidad* en Brasil, tanto en la legislación antimonopolio que les dio vida, como su perfeccionamiento en la legislación anticorrupción; se *celebran en instancias administrativas donde hubo lugar el fraude*. Esto implica una naturaleza típica y originariamente del Derecho administrativo sancionatorio, como indica FRIDRICZEWSKI[168], donde los atributos de coercibilidad y exigibilidad del Acuerdo lo validan para ser posteriormente empleados en un proceso penal como remedio ante las limitaciones -económicas y por sobre todo técnicas- de la Fiscalía para realizar las investigaciones por su propia cuenta.

Al entenderse como un remedio de naturaleza procesal, el Estado no pierde en ningún momento sus atribuciones legales y constitucionales. Mucho menos lo delegaría a personas jurídicas privadas objeto de las investigaciones y que ha asumido su plena responsabilidad en los hechos fraudulentos o delitos cometidos. Por otra parte, al estar conscientes tanto el sistema de control fiscal como la Fiscalía del carácter instrumental del *Acuerdo de Lenidad*, el principio de oportunidad procesal se auto blindaría ante las críticas permanentes

---

168 FRIDRICZEWSKI, V. ... *Guión para estudio ...*, 2020, p. 8. En la *Lei Anticorrupção*, la aprobación definitiva del Acuerdo de Lenidad recae en la Contraloría General de la Unión. Posteriormente a esta conformación, es que el Acuerdo queda revestido de coercibilidad para ser apercibido a la empresa en caso de su incumplimiento. Es más, con este visto bueno vinculante del máximo órgano de control fiscal del Brasil, la investigación privada se incorpora como un instrumento auxiliar de todos los procedimientos legalmente previstos para el control fiscal.

del cual es objeto por la doctrina[169], al considerarlo una puerta franca para la privatización del proceso penal en estos convenios que conlleven algún tipo de colaboración[170].

No olvidemos que estas figuras donde existe una combinación entre Derecho premial y contractualismo buscan a la final una finalidad procesal innegable: *la eficacia de la investigación criminal*[171].

---

169 Indica RODRÍGUEZ-GARCÍA, N. ... "Uso y abuso del principio de oportunidad en el proceso penal del siglo XXI" ..., 2016, p. 21-27, una guía sobre los posibles peligros de un abuso del principio de oportunidad procesal, que el autor se decanta muy favorable para ser aplicado siempre que estemos muy alerta de: (i) El Estado debe reconocer que no es todo poderoso para perseguir todos los delitos y satisfacer a las víctimas; (ii) No sólo debe concebirse para el Derecho adjetivo, sino que su proyección al Derecho sustantivo penal es incuestionable; (iii) Este principio ha sido empleado para producir lo que llama *fraude de etiquetas*, en donde se confunden la más burda discrecionalidad administrativa con lo que racionalmente debe entenderse por oportunidad procesal; (iv) Que el Ministerio Público Fiscal no puede actuar abusando de su competencia como titular de la acción penal en las investigaciones llevadas a cabo contra la empresa, sino, arbitrado permanentemente por los tribunales; (v) El principio de la legalidad procesal no tiene sentido en nuestros días por ser inadecuado para resolver efectiva y eficientemente investigaciones que en los casos de la criminalidad de empresa, sólo ésta última está en completa ventaja para hacerlo; (vi) Hace suya la frase de Hassemer que esgrime *tanta legalidad como sea posible, tanta oportunidad como sea necesaria.*

170 NIETO MARTÍN, A. ... *Manual de Cumplimiento penal en la empresa* ..., 2015, p. 17.

171 ORTÍZ PRADILLO, J.C. "Compliance y Clemencia en el proceso penal de la persona jurídica investigada", RODRÍGUEZ-GARCÍA, N.; GONZÁLEZ-CASTELL, A.C. y RODRÍGUEZ-LÓPEZ, F. *Corrupción: Compliance, Represión y Recuperación de Activos,* Valencia, 2019, Tirant lo Blanch, p. 393.

Esta optimización es costosa por el sistema que se investiga (entramado empresarial - defecto de organización) y las complejidades que reviste para quien no conoce los entresijos de las actividades mercantiles[172].

3. *Tipología de Acuerdos de Lenidad*

Dilucidada la capital importancia de la naturaleza jurídica de los *Acuerdos de Lenidad*, puesto que, siempre se corre el peligro que el Estado, ante la incapacidad para entender todo el entramado empresarial, complejizado ahora por la capacidad de las empresas de actuar en diversos países y escenarios al mismo tiempo[173]; en vez de solicitar colaboración a la persona jurídica termine delegando en ella sus funciones propias y por ende, desfigurando el principio de oportunidad procesal.

Como hemos indicado a lo largo del presente ensayo, si sólo nos circunscribiéramos a una interpretación exegética de la LEY ANTIMONOPOLIO (Ley 12.529/2011) y LEY ANTICORRUPCIÓN (Ley 12.846/2013), sólo habría una única tipología de Acuerdos: *los administrativos*. Estos están vinculados directa y exclusivamente a los ámbitos de las infracciones y fraudes cometidos por las personas jurídicas con el ente de la Administración afectada, cual convenio propio de las cada vez más amplias facultades de contratación del sector público. Sin embargo, ya vimos como la DECLARACIÓN DE BRASILIA SOBRE LA COOPERACIÓN JURÍDICA INTERNACIONAL CONTRA LA CORRUPCIÓN 2017, terminó sobredimensionando al *Acuerdo*

---

172 ORTÍZ PRADILLO, J.C. ...Compliance y Clemencia en el proceso penal ... 2019, p. 394. Explica el autor que, en cierta manera, cualquier medida o institución que implique la participación directa de la persona jurídica sujeta a investigación, introduce ciertas dosis de "inmunidad" a cambio de una colaboración en el terreno de la responsabilidad empresarial, donde, la clave de lectura siempre será la económica.

173 RODRÍGUEZ GARCÍA, N. y MACHADO DE SOUZA, R. ... El 'Acuerdo de lenidad'... 2019, p. 296.

de Lenidad hasta el punto de franquear la puerta hacia otros delitos no previstos en la legislación administrativa, e inclusive, en otras jurisdicciones diferentes a la de Brasil que ni siquiera poseen figuras análogas en sus respectivos instrumentos penales.

Las tipologías facilitan -a nuestro juicio- una forma de organizar estos Acuerdos para efectos de conocer de antemano las limitantes *ex ante* y *ex post* que necesariamente deben sancionarse en la legislación y demás actos estatales de efectos generales.

A. El Acuerdo de Lenidad administrativo

Responde al modelo brasilero originario, prototípico y quizá el más sobresaliente. Como hemos señalado a lo largo del presente ensayo, la LEI ANTICORRUPÇÃO de 2013 y la LEY DE PROTECCIÓN DE COMPETENCIA de 2011, contemplan los *Acuerdos de Lenidad*[174] y los *Acuerdos de compromiso de cesación de conducta*[175]. Estos sólo pueden ser concebidos desde la óptica del procedimiento administrativo sancionatorio, vinculados a ilícitos de orden económico precisados por el Derecho administrativo.

Los *Acuerdos de Lenidad* facilitan la producción de pruebas determinantes en la investigación que dilucide los fraudes efectivamente cometidos (actos lesivos) contra la administración pública, para beneficiar a la empresa responsable con una reducción sustancial de hasta dos tercios de la pena[176] y la exención total de otras

---

174 Artículo 16 de la *Ley Anticorrupción* de 2013.

175 Conocidos como los *Compromisso de cessação* previstos en la Ley 12.529 de 2011 en su artículo 85 que los define como: "(...) Nos procedimentos administrativos mencionados nos incisos I, II e III do art. 48 desta Lei, o Cade poderá tomar do representado compromisso de cessação da prática sob investigação ou dos seus efeitos lesivos, sempre que, em juízo de conveniência e oportunidade, devidamente fundamentado, entender que atende aos interesses protegidos por lei (...)".

176 Artículo 16 de la *Lei Anticorrupção*, numeral 2º "(...) A celebração do acordo de leniência isentará a pessoa jurídica das sanções previstas no

sanciones como son la no publicación de la resolución condenatoria[177] y la capacidad de contratar nuevamente con el Estado o recibir de éste subsidios u otros recursos[178], tal como explicamos en las páginas precedentes.

Además, como indican RODRÍGUEZ GARCÍA y MACHADO DE SOUZA, pueden establecer la sustitución de una pena en caso de que se cumplan los requisitos de colaboración[179]. El *Acuerdo de Lenidad* previene juicios de tipo civil contra la persona jurídica en los casos de cumplimiento efectivo de los mismos. Increíblemente, a pesar de ser formulados en sede administrativa, la decisión o no de celebrar un *Acuerdo de Lenidad* no es de naturaleza discrecional pura[180] como de suyo ocurre cuando estamos ante actos administrativos, má-

---

inciso II do art. 6º e no inciso IV do art. 19 e reduzirá em até 2/3 (dois terços) o valor da multa aplicável. (...)" (subrayado nuestro).

177 Artículo 22 de la *Lei Anticorrupção*, § 5º "(...) Os registros das sanções e acordos de leniência serão excluídos depois de decorrido o prazo previamente estabelecido no ato sancionador ou do cumprimento integral do acordo de leniência e da reparação do eventual dano causado, mediante solicitação do órgão ou entidade sancionadora. (...)" (subrayado nuestro).

178 Artículo 19 de la *Lei Anticorrupção,* IV "(...) - proibição de receber incentivos, subsídios, subvenções, doações ou empréstimos de órgãos ou entidades públicas e de instituições financeiras públicas ou controladas pelo poder público, pelo prazo mínimo de 1 (um) e máximo de 5 (cinco) anos. (...)" (subrayado nuestro).

179 RODRÍGUEZ GARCÍA, N. y MACHADO DE SOUZA, R. ... El 'Acuerdo de lenidad'... 2019, p. 302.

180 RODRÍGUEZ GARCÍA, N. y MACHADO DE SOUZA, R. ... El 'Acuerdo de lenidad'... 2019, p. 343. En este punto, los autores citados explican la existencia de un llamado "Requisito Negativo", que dibuja la hipótesis donde por más que se pueda proponer un Acuerdo de Lenidad, éste no prospera, y es el caso cuando la Administración dispone de pruebas y de información relevantes que, por más propuesta de la empresa involucrada, son suficientes para el interés público y los resultados de la investigación.

xime, lo que en doctrina venezolana se conoce como actos administrativos bilaterales[181]. Por ello, es necesario verificar sus requisitos, empleando la división formulada por RODRÍGUEZ GARCÍA y MACHADO DE SOUZA, al dividirlos en[182]:

* Requisitos subjetivos (sólo extensible a las personas jurídicas, excluyéndose las físicas).

* Requisitos materiales (Circunscritos a cuatro: **a.-** Que la persona jurídica culpable sea la primera en manifestar materialmente sobre los hechos; **b.-** Que la persona jurídica cese inmediatamente su participación en las actividades ilícitas; **c.-** Que la persona jurídica admita su participación en los actos lesivos contra la administración; **d.-** Que en la admisión de su responsabilidad, repare o restituya los daños patrimoniales al ente público afectado; **e.-** Que la persona jurídica colabore con las investigaciones y con el procedimiento administrativo).

* Otros requisitos (que más allá se calificarse como requisitos, consideramos que son consecuencias de la adopción de un *Acuerdo de Lenidad* administrativo, como son: **a.-** La constancia expresa que el incumplimiento del Acuerdo conlleva la pérdida total de los beneficios; **b.-** La calificación del Acuerdo como un título extrajudicial que puede facilitar su ejecución por

---

181 En Venezuela la celebración de un Acuerdo que no sea encuadrable dentro de la categoría de los contratos de administración, se les califica como Actos Administrativos Bilaterales, siendo éstos elaborados por la concurrencia de la voluntad de la Administración y del cosuscribiente administrado. La falta de este último califica al acto como "inexistente". Para más detalles véase BREWER-CARÍAS, A.R. *Tratado de Derecho Administrativo. Derecho Público en Iberoamérica,* Madrid, 2013, Civitas-Thomson, Vol. III, p. 118. También, LARES MARTÍNEZ, E. *Manual de Derecho Administrativo.* Caracas, 2001, Universidad Central de Venezuela, p. 139-149.

182 RODRÍGUEZ GARCÍA, N. y MACHADO DE SOUZA, R. ... El 'Acuerdo de lenidad'... 2019, p. 343-347.

vía judicial; **c.-** La adopción o modificación -según sea el caso- de un programa de complianza, siguiendo la costumbre adoptada desde 2013 hasta 2015).

No vamos a desarrollar cada uno de estos requisitos porque la investigación, como explicamos, no se circunscribe al estudio de los *Acuerdos de Lenidad* en el régimen jurídico brasilero; sino, su impacto y proyección hacia Iberoamérica como instrumento de incremento de los costes de la corrupción y su aprovechamiento por la justicia penal en razón del principio de oportunidad procesal. De igual forma, también evaluaremos la situación contraria, es decir, el empleo de dichos Acuerdos por los diferentes Ministerios Públicos para aprovecharlos en Brasil.

De los anteriormente indicados, nos interesa dos requisitos que han sido los más emblemáticos de esta institución administrativa proyectada hacia el proceso penal, como son la colaboración "efectiva" en las investigaciones y la adopción o corrección de un sistema de integridad. En cuanto al aporte y colaboración investigativa, hemos hecho referencia constante en las páginas anteriores. Este es quizá el núcleo duro del *Acuerdo de Lenidad* que dependiendo de la lectura de los órganos encargados de hacerlos valer, pueden entonces o bien constituirse como una cesión de las funciones estatales de control, o la más deseada, ser un remedio procesal en las investigaciones sobre corrupción llevadas a cabo tanto por los órganos de control fiscal como por la Fiscalía o los Tribunales. Como apuntan Rodríguez García y Machado de Souza:

> "(...) *No basta solo aportar folios, sino que coadyuve a concatenar los eventos ocurridos en desarrollo de los actos lesivos* (...)[183]".

[183] Rodríguez García, N. y Machado de Souza, R. ... El 'Acuerdo de lenidad'... 2019, p. 346.

Sobre la adopción de un programa de integridad o corrección de uno existente, también nos hacemos la pregunta que formulan los autores citados: ¿sólo por tener un programa de cumplimiento quedo exonerado? Sin entrar a valorar las opiniones sobre el caso español[184] -dado que allá no encontramos todavía una guía de buenas prácticas- agregaríamos que la adopción debe ser monitoreada judicialmente por un lapso prudencial que la sentencia establezca. Así como ocurre con las personas físicas en determinados procesos penales con la llamada "presentación regular del imputado", a las personas jurídicas debería el tribunal hacer un monitoreo permanente exigiéndole su compromiso efectivo contra los fenómenos conocidos como "defectos de organización" y configurando -o reconfigurando- su programa de complianza.

B. El acuerdo de lenidad en jurisdicciones fuera de Brasil

El hecho que el *Acuerdo de Lenidad* sea un instrumento de eficiente producción probatoria[185], como lo vimos, ha sido la *leitmotiv* que impulsa a la Fiscalía de Brasil -y más que todo las ubicadas fuera de la nación carioca- para trasladarlos -bajo otros nominativos- hacia diferentes esferas punitivas que nada tienen que ver con actos lesivos contra el Estado. En la colaboración efectiva que presta la persona jurídica, y amparado bajo la confidencialidad que reviste el *Acuerdo de Lenidad*, la Fiscalía puede extenderlos siempre que no se menoscaben los derechos fundamentales de las personas físicas involucradas, así como, no sea un mecanismo para concretar una forma de pigricia institucional al momento de concretar efectivas investigaciones.

---

184 En el caso específico, cuando analizan el punto sobre el reporte voluntario, concluyendo que ni el ordenamiento español ni el brasilero favorecen la creación de una genuina cultura de autocontrol corporativo. RODRÍGUEZ GARCÍA, N. y MACHADO DE SOUZA, R. ... El 'Acuerdo de lenidad'... 2019, p. 355.

185 RODRÍGUEZ GARCÍA, N. y MACHADO DE SOUZA, R. ... El 'Acuerdo de lenidad'... 2019, p. 341.

La extensión de un *Acuerdo de Lenidad* hacia otras esferas punitivas, como fue lo sucedido en el caso *Lava Jato* y su reconocimiento por las Fiscalías Suramericanas, debe sopesar que su producción facilite el resguardo del interés público general y no un quiebre del principio de la legalidad, la igualdad de las personas, la usurpación de funciones y la opacidad. Por ejemplo, podemos circunscribirnos -en el caso venezolano- a dos ámbitos jurídicos relacionados pero muy bien identificados por separado: *ambiente y urbanismo*[186].

---

[186] Por ejemplo, en Venezuela, la vigente *Ley Penal del Ambiente* (publicada en G.O. N° 39.913 de 2 de mayo de 2012), al reconocer la responsabilidad penal de las personas jurídicas (art. 4), preconfigura un régimen procesal para la sustanciación y decisión de delitos en materia ambiental. Dentro de la citada ley punitiva, dos de sus artículos abren las puertas para introducir *Acuerdos de Lenidad* fuera del ámbito administrativo. Nos referimos al "(...) **Artículo 10.** Conjuntamente con las sanciones y las medidas restitutivas y reparatorias, el juez o jueza podrá acordar en las sentencias la obligación de realizar experticias, a costa del condenado o condenada, cada año y hasta por diez veces, a fin de determinar la efectiva eliminación de los riesgos ambientales, cuando se sospeche su aparición futura o no sea posible su eliminación inmediata. (...)" y al "(...) **Artículo 29**. Para el otorgamiento de los beneficios previstos en el Código Orgánico Procesal Penal u otras leyes de similar naturaleza, el juez o jueza, además de los requisitos allí establecidos, deberá imponer como condición la realización de las medidas ambientales necesarias para interrumpir el daño, hacer cesar sus consecuencias lesivas y restaurar o reordenar el ambiente; y si el delito fuere de peligro y no se hubiere producido un daño, la ejecución de servicios ambientales a la comunidad, de acuerdo a su formación y. habilidades y la asistencia obligatoria a cursos, talleres o clases de educación y gestión ambiental. (...)" (subrayado nuestro). Nótese el énfasis en dos aspectos que pudieran sólo encaminarse, una vez que el órgano jurisdiccional ha impuesto la sentencia condenatoria, a través de un *Acuerdo de Lenidad* como es el pago de las experticias necesarias para medir el daño ambiental y su reparación (hasta por diez veces), y por otra, la imposición de realización de medidas ambientales. Estas medidas, al ser coordinadas con las políticas nacionales del ente

Si no media soborno o cualquiera de los actos lesivos identificados en el artículo 5 de la *Lei Anticorrupção*[187], sino por ejemplo, una deficiencia en la obra de manera concurrente y que se haya transformado en casi sistemática de todo el sector[188]. Entonces, la celebración fuera de la Administración Pública de un *Acuerdo de Lenidad* pudiera obligar a las constructoras o promotoras a la colaboración efectiva en las investigaciones, indicando exactamente cómo puede ocultarse un fraude en las obras. Las empresas constructoras no se constituyen para delinquir -salvo casos especiales y marginales- sino para aprovechar económicamente el lucro derivado de la industria del ladrillo como se le conoce en España.

Por tanto, es muy plausible que, tomando como referencia los *Acuerdos de Lenidad* administrativos, pueda proyectarse hacia otra tipología de delitos y jurisdicciones fuera de Brasil, estos convenios de remedio procesal ante situaciones donde es necesario hacer valer públicamente que el "delito no paga". Además, si buscamos que la sanción más que establecer una exacción de recursos económicos, sea ejemplarizante hacia el futuro, nada mejor que convertir los Acuerdos como herramientas por excelencia en los procesos de corrección del llamado "ciclo del fraude".

---

rector del ambiente, no pueden ser incorporadas en una sentencia por la especificidad de las mismas. Esto obliga necesariamente al sentenciador a contemplar un Convenio donde se establezcan de forma pormenorizada las acciones para eliminar las consecuencias lesivas y restaurar el bien ambiental perturbado.

187 Capítulo II: De los Actos lesivos contra la Administración Pública Nacional o Extranjera.

188 Como en efecto ocurrió en España entre las décadas de los 90 del siglo XX y la primera década del siglo XXI con los escándalos urbanísticos a nivel nacional. Esto daba la sensación del enquistamiento fraudulento masivo. Para más detalles, véase, MARTÍN MATEO, R. *La gallina de los huevos de cemento.* Madrid, 2007, Thomson-Civitas. También, véase la obra colectiva *Corrupción y urbanismo.* Bilbao, 2008, Universidad de Deusto, Cuadernos Penales José María Lidón, número 5.

4. *Elementos configurativos de los Acuerdos de Lenidad*

Como lo indicamos en las páginas anteriores, los Acuerdos de Lenidad son convenios sinalagmáticos bilaterales. Esto nos proyecta a la necesaria verificación, para su existencia, de unos elementos configuradores obligatorios como todo negocio jurídico. Y al ser negocio jurídico, también, se cumplen irrestrictamente un régimen para la formación del propio convenio o Acuerdo celebrado por la Administración pública[189], cuyas diferencias con la contratación general privada, estriba en las estrictas formalidades legales y las limitaciones derivadas del interés público a la voluntad de las partes[190].

Por tal motivo, si bien en este punto no vamos a agotarnos en analizar pormenorizadamente los componentes y elementos de creación de los *Acuerdos de Lenidad*, visto que nuestro objeto de estudio no es el análisis del régimen jurídico de los mismos en Brasil sino su proyección en el resto de países de América Latina; queremos a modo pedagógico, formular la taxonomía de componentes esenciales de los *Acordos*.

Siguiendo el esquema tradicional de la teoría general de los contratos, estudiaremos los tres componentes o elementos "esenciales" (consentimiento, objeto y causa lícita) y los de "validez" (capacidad de los contratantes y ausencia de vicios). Nótese que haremos referencia a los "elementos", nítidamente distinguidos de los "presupuestos"[191] (previa a la contratación), por la categoría

---

[189] BREWER-CARÍAS, A.R. ... *Contratos administrativos* .... 2021, p. 132.

[190] BREWER-CARÍAS, A.R. ... *Contratos administrativos* .... 2021, p. 133-137.

[191] Véase MESSINEO, F. *Doctrina General el Contrato*, Buenos Aires, 1962, Ediciones EJEA, Vol. I, cap. II, N° 1, p. 72. También, BETTI, E., *Teoria generale del negozio giuridico,* Torino, 1960, UTET, Cap. IV, N° 25, p. 212. SANTORO-PASARELLI, *Doctrinas Generales del Derecho Civil,* Madrid, 1964, Editorial Revista de Derecho Privado, § 27, p. 146.

especial[192] que revisten los *Acuerdos de Lenidad* y no asociarlos a un mero negocio jurídico de Derecho privado.

A. Componentes subjetivos ¿quién los suscribe?

El primero de los elementos o componentes, es el relativo a los sujetos que suscriben el Acuerdo. Según la *Lei Anticorrupção*, sólo pueden firmar las personas jurídicas involucradas en los actos ilícitos contra la Administración Pública. De plano, no puede proponerse un Acuerdo para favorecer a personas naturales, pues, como se ha indicado a lo largo del presente libro, su finalidad es la de identificar a otros involucrados en el fraude, así como la obtención de manera expedita de informaciones, procedimientos, documentos y todo cúmulo de pruebas que faciliten la determinación del ilícito[193]. Sin embargo, RODRÍGUEZ-GARCÍA y MACHADO DE SOUZA apoyan la tesis que pudieran ser beneficiadas, eventualmente, las personas naturales vinculadas siempre y cuando se acojan a los mecanismos de delación premiada[194].

La otra parte que suscribe el *Acuerdo de Lenidad* es el ente público que ha sido perjudicado con los actos ilícitos tipificados en el artículo 16 de la *Ley Anticorrupção*. Al respecto existe controversia sobre estos mecanismos, pues, al Estado debería importante la reparación cuanto antes de los perjuicios recibidos por el actuar corrupto de una compañía o sociedad mercantil. Así es la lógica de la relación contractual que pueda existir entre dos personas de Derecho privado. Sin embargo, no debemos olvidar que es política medular anticorrupción de todo Estado que no se califique como fallido o débil, la

---

192 MARRARA TH. "Acordo da leniência na Lei Anticorrupção", *Revista Digital de Direito,* Vol. 6, Nº 2, 2019, p. 1-11.

193 RODRÍGUEZ GARCÍA, N. y MACHADO DE SOUZA, R. ... El 'Acuerdo de lenidad'... 2019, p. 341.

194 RODRÍGUEZ GARCÍA, N. y MACHADO DE SOUZA, R. ... El 'Acuerdo de lenidad'... 2019, p. 345.

implantación de efectos sociales preventivos[195] que hagan valer permanentemente la máxima "el crimen no paga".

Esos efectos sociales preventivos serán en un principio el fundamento para la celebración del Acuerdo, pues, a pesar de que la ley brasileña analizada nos dice "podrá" celebrarse, no es tan discrecional para la Administración pública ofrecerlos ante una primera petición. Es más, no pude jamás considerar la persona jurídica involucrada que el acceso a un *Acuerdo de Lenidad* sea un derecho subjetivo. El interés público deberá ponderarlo el ente administrativo lesionado que, tras la elaboración de un informe confeccionado por expertos, se controlarían los actos de autoridad que propondrían el Acuerdo, pues, el interés público se traduce acá en la "relevancia efectiva" de las pruebas y demás elementos técnicos que vaya aportar la empresa inmiscuida en los daños[196].

Al contrario, si no se demuestra que el acervo probatorio en control de la empresa no lleva a ningún fin plausible, la oferta del *Acuerdo de Lenidad* deberá ser rechazada por la Administración, y por tanto, proseguir en los dos sistemas de persecución judicial contra la corrupción que opera en Brasil: *el sistema penal tradicional y la jurisdicción de los actos de improbidad.*

En cuanto a la participación de la CONTRALORÍA GENERAL DE LA UNIÓN (*Controladoria Geral da União* - CGU), el precepto legal en Brasil analizado le faculta para co-suscribir el *Acuerdo de Leni-*

---

195 RODRÍGUEZ GARCÍA, N. y MACHADO DE SOUZA, R. ... El 'Acuerdo de lenidad'... 2019, p. 340.

196 RODRÍGUEZ GARCÍA, N. y MACHADO DE SOUZA, R. ... El 'Acuerdo de lenidad'... 2019, p. 343. Los autores citan como fundamento de esta tesis, lo propuesto en el Reglamento del Poder Ejecutivo Federal de Brasil, aparecido en la Resolución Ministerial conjunta 4/2019 del Ministerio de la Contraloría General de la Unión (CGU) y del Abogado General de la Unión (AGU), donde se establece el procedimiento previo para la elaboración del informe técnico para recomendar o no la celebración de un Acuerdo de Lenidad.

dad siempre que esté presente el Poder Ejecutivo Federal o bien, en los casos donde la empresa corruptora sea de nacionalidad brasilera y haya comprometido a la Administración Pública Extranjera[197], emulando lo planteado en 1977 por la LPCE norteamericana.

B. Componentes objetivos ¿qué se suscribe?

En segundo lugar, tras el análisis de los componentes subjetivos, es necesario detenernos en los componentes relacionados con el objeto del Acuerdo, que no es más que el negocio jurídico mismo. Al respecto, para que pueda concretarse un *Acuerdo de Lenidad*, la propia ley en Brasil preceptúa elementos materiales[198] previos que facilitarán el objeto. Determina la LEY ANTICORRUPCIÓN:

> "(...) Art. 16. A autoridade máxima de cada órgão ou entidade pública poderá celebrar acordo de leniência com as pessoas jurídicas responsáveis pela prática dos atos previstos nesta Lei que colaborem efetivamente com as investigações e o processo administrativo, sendo que dessa colaboração resulte:

---

197 "(...) Art. 16. A autoridade máxima de cada órgão ou entidade pública poderá celebrar acordo de leniência com as pessoas jurídicas responsáveis pela prática dos atos previstos nesta Lei que colaborem efetivamente com as investigações e o processo administrativo, sendo que dessa colaboração resulte (...) *Omisis* (...) "(...) § 10. A Controladoria-Geral da União - CGU é o órgão competente para celebrar os acordos de leniência no âmbito do Poder Executivo federal, bem como no caso de atos lesivos praticados contra a administração pública estrangeira. (...)" (subrayado nuestro).

198 RODRÍGUEZ GARCÍA, N. y MACHADO DE SOUZA, R. ... El 'Acuerdo de lenidad'... 2019, p. 346, mencionan bajo un único mote de "requisitos materiales", unas circunstancias de tiempo y modo -empleando el lenguaje de la teoría general de las obligaciones y contratos- de cumplimiento indefectible. Pueda que el informe de expertos sugiera la celebración del Acuerdo más, sin embargo, ante la falta de uno de los componentes materiales no pudiera suscribirse el mismo, pues, de hacerlo, estaría viciado el objeto del negocio.

(...) *Omisis* (...)

§ 1º O acordo de que trata o caput somente poderá ser celebrado se preenchidos, cumulativamente, os seguintes requisitos:

I- a pessoa jurídica seja a primeira a se manifestar sobre seu interesse em cooperar para a apuração do ato ilícito;

II- a pessoa jurídica cesse completamente seu envolvimento na infração investigada a partir da data de propositura do acordo;

III- a pessoa jurídica admita sua participação no ilícito e coopere plena e permanentemente com as investigações e o processo administrativo, comparecendo, sob suas expensas, sempre que solicitada, a todos os atos processuais, até seu encerramento. (...)" (subrayado nuestro)

De esta manera, en primer lugar, la persona jurídica investigada *debe ser la primera en hacer la propuesta del Acuerdo*, nunca después de una enunciación formal de parte de la Administración Pública. Esto tiene sentido por estar en juego el interés público que protegerá la legitimidad del Acuerdo. En el caso que la oferta real de contratación provenga de la máxima autoridad administrativa antes que de la persona jurídica privada, estaría imposibilitado de celebrarlo. Recordemos que el *Acuerdo de Lenidad* no es un mecanismo procesal de libre gestión como los DPA o NPA formulados por la Fiscalía norteamericana. Son convenios de Derecho administrativo que deben generar la suficiente legitimidad para hacerse valer como una forma expedita para obtener pruebas y resarcimiento de los daños causados al ente público; nunca, como un arma defensiva de las compañías involucradas[199].

En segundo lugar, el Acuerdo antes de suscribirse debe comprometer al *cese inmediato de toda práctica corrupta o corruptora*

---

199 RODRÍGUEZ GARCÍA, N. y MACHADO DE SOUZA, R. ... El 'Acuerdo de lenidad'... 2019, p. 343.

de la sociedad mercantil privada que busca beneficiarse del mismo. Es más, esta paralización del "defecto de organización", la propia *Ley Anticorrupção* ordena que el cómputo sea desde el momento mismo de la propuesta formulada por la persona jurídica (oferente-policitante), es decir, de la oferta de negociación formulada hacia la Administración Pública (destinatario-oblado) que en lenguaje de las obligaciones se le conoce como "policitación"[200].

En tercer lugar, la disposición legal condiciona que la compañía *admita, sin cortapisas, su responsabilidad en los hechos ilícitos señalados y que además colabore sin limitación alguna en las investigaciones y el proceso administrativo* sustanciado para tal fin. Al respecto, RODRÍGUEZ-GARCÍA y MACHADO DE SOUZA indican:

> "(...) Cuando se habla de delitos de corrupción, las informaciones relacionadas pueden ser complejas y de gran volumen, en especial, porque dichos delitos pueden ser desarrollados por organizaciones criminales y a lo largo de un extenso período de tiempo. Ello hace que no baste con que la persona jurídica suministre copias de toda su documentación contable, sus contratos y otros documentos: (I) tiene que desarrollar, junto a la Administración competente, la tarea de concatenar los eventos ocurridos en desarrollo de los actos lesivos y, además de ello, (ii) tiene que proveer soporte documental de las informaciones que presta, para que a partir del mismo se puedan acreditar, de forma completa o parcial, los hechos (...)"[201] (subrayado nuestro)

---

200 En este aspecto, nos acogemos a lo planteado por VON THUR, A. *Derecho civil. Teoría General del Derecho Civil alemán.* Buenos Aires, 1946, Depalma, p. 139, en donde afirma que la oferta no puede jamás reputarse como un negocio jurídico, pues, el oferente lo único que persigue con su puesta en el tapete, es que el oblado acepte la misma, por tanto, sin que pueda hablarse de modificación de situaciones jurídicas subjetivas.

201 RODRÍGUEZ GARCÍA, N. y MACHADO DE SOUZA, R. ... El 'Acuerdo de lenidad'... 2019, p. 348-349.

Como se puede colegir del párrafo citado, la última de las condicionantes materiales obligan a la empresa a comportarse como el "mejor padre de familia", so pena de hacer inválido el Acuerdo o bien de rechazarlo cuando sea ofrecido. En este aspecto puede evaluarse que los costos de un Acuerdo de Lenidad pudieran representar una erogación mucho mayor -y por tanto más lesiva al patrimonio de la empresa corrupta- que si decidiera someterse a un juicio penal reconociendo plenamente su responsabilidad en los hechos punibles que se le imputan. Esto es quizá el aporte de los Acuerdos en la denominada teoría de los costos de corrupción que tantas veces hemos abordado en esta obra como en otras relacionadas a la lucha contra la corrupción.

C. Componentes temporales ¿cuál es el tiempo para ejecutarlos?

Finalmente tenemos otros componentes importantes porque redundan en la efectividad de los *Acuerdos de Lenidad* para proceder a la reparación del ente público. Hacemos referencia al cuándo deberán ser aplicados dichos convenios. El elemento temporal es sumamente importante dada la excesiva onerosidad que puede representar una investigación de fraudes de calibres como lo sucedido en la operación *Lava Jato*, que fue expedita, gracias a los *Acuerdos de Lenidad* que se lograron suscribir.

Partimos que el *Acuerdo de Lenidad* una vez suscrito se transforma en un título extrajudicial[202], es decir, ejecutivo siendo posible entonces ser ejecutada judicialmente cuando así lo requiera la Administración pública sea en caso de incumplimiento por la persona jurídica o bien porque a petición de esta última, una de las obligaciones derivadas del Acuerdo pudiera conllevar la lesión de derechos fundamentales, como en efecto, pareciera ocurrir en el caso de los empleados involucrados (personas físicas) con los actos ilícitos.

---

[202] RODRÍGUEZ GARCÍA, N. y MACHADO DE SOUZA, R. ... El 'Acuerdo de lenidad'... 2019, p. 350.

En la primera de las hipótesis operaría de principio la pérdida total de los beneficios acordados en el Acuerdo a favor de la persona jurídica, salvo, que realmente sea de interés público el seguir sosteniéndolo en el tiempo por el carácter valiosa de la información.

Recordemos que el *Acuerdo de Lenidad* responde a lo que se denomina cultura de autocontrol corporativo (*selfcleaning*), donde, más que tutelar policíacamente a las empresas, la finalidad ulterior sea que ellas mismas puedan concretar un programa -o perfeccionarlo- de integridad o también conocido como *compliance*. Estos programas están dedicados a la detección temprana de posibles fuentes de fraude, así como, identifica los procesos potencialmente peligrosos para la celebración de acuerdos corruptos. Si el *compliance* es lo suficientemente integral, entonces, damos por descontado que la compañía no sucumbirá a las tentaciones de la corrupción.

Por ello, volvemos a destacar lo que explicamos en el subepígrafe anterior sobre la relevancia de las pruebas e investigaciones llevadas a cabo a expensas patrimoniales de la compañía. Su concreción requiere un tiempo ponderado dentro de las actividades propias de auditoría, influyendo directamente, las magnitudes de la empresa, la complejidad en los procesos administrativos, la agilidad y versatilidad para el acceso del sistema bancario nacional e internacional, etc.

La *Lei Anticorrupção* hace referencia a los elementos temporales de la siguiente manera:

> Art. 16. A autoridade máxima de cada órgão ou entidade pública poderá celebrar acordo de leniência com as pessoas jurídicas responsáveis pela prática dos atos previstos nesta Lei que colaborem efetivamente com as investigações e o processo administrativo, sendo que dessa colaboração resulte:
>
> (...) *Omisis* (...)"
>
> § 4° O acordo de leniência <u>estipulará as condições necessárias para assegurar a efetividade da colaboração e o resultado útil do processo</u>. (...)" (subrayado nuestro)

Al hablarnos que el texto del convenio contemplará las condiciones necesarias para asegurar la efectividad de la colaboración de la persona jurídica, así como el resultado de las investigaciones, prácticamente nos ubica dentro del campo de la temporalidad para llevar a cabo lo planteado en el Acuerdo. Los plazos para ejecutar estarán precisados de manera racional dependiendo la actividad de investigación y la magnitud del caso.

III. PROBLEMAS PROCESALES RELACIONADOS A LA EJECUCIÓN DE FALLOS Y EL NO RECONOCIMIENTO DE LOS ACUERDOS DE LENIDAD EN OTRAS JURISDICCIONES Y EL PRINCIPIO DE LA SOBERANÍA ESTATAL

Visto los puntos anteriores sobre la configuración y efectos de los *Acuerdos de Lenidad*, así como sus requisitos, existe una preocupación que subyace a raíz de la mismísima DECLARACIÓN DE BRASILIA SOBRE LA COOPERACIÓN JURÍDICA INTERNACIONAL CONTRA LA CORRUPCIÓN 2017. Está relacionada a un problema típicamente procesal, como es la ejecución de un *Acuerdo de Lenidad* en otra jurisdicción donde la empresa también ha delinquido. Inclusive, ¿qué pasaría si por la aplicación de dichos Acuerdos se verifique las causales para aplicar, por ejemplo, la extinción de dominio?

Como indicamos *ut supra*, los Acuerdos cumplen el requisito de ser un título extrajudicial con valor para ser ejecutados judicialmente[203]. Al ser reconocido -por regla general- que las compañías en el contexto globalizado pueden actuar en diferentes jurisdicciones, aquéllas están sometidas a constantes defectos de organización por el riesgo que acarrea la diversidad de empleados de distintas nacionalidades y contextos organizacionales -por no decir culturales que pasan a un segundo plano- De allí que se verifiquen delitos que pueda conllevar a la responsabilidad penal de la persona jurídica.

---

[203] RODRÍGUEZ GARCÍA, N. y MACHADO DE SOUZA, R. ... El 'Acuerdo de lenidad'... 2019, p. 347.

Veamos un ejemplo. ¿Que ocurriría si un Ministerio Público Fiscal -por ejemplo de Venezuela- se niegue a aceptar en su jurisdicción un *Acuerdo de Lenidad* proveniente de Brasil, alegando válidamente que el principio de oportunidad procesal no es tan elástico como para aplicarlo al caso? Esta hipótesis realmente pudiera ser así. En Venezuela este principio está sumamente restringido en el COPP, cuando establece:

"(...)

Supuestos

Artículo 38. El o la Fiscal del Ministerio Público podrá solicitar al Juez o Jueza de Control autorización para prescindir, total o parcialmente, del ejercicio de la acción penal, o limitarla a alguna de las personas que intervinieron en el hecho, en cualquiera de los supuestos siguientes:

1. Cuando se trate de un hecho que por su insignificancia o por su poca frecuencia no afecte gravemente el interés público, excepto, cuando el máximo de la pena exceda de los ocho años de privación de libertad, o se cometa por un funcionario o funcionaria, empleado público o empleada pública, en ejercicio de su cargo o por razón de el.

2. Cuando la participación del imputado o imputada, en la perpetración del hecho se estime de menor relevancia, salvo que se trate de un delito cometido por funcionario o funcionaria, empleado público o empleada pública, en ejercicio de su cargo o por razón de el.

3. Cuando en los delitos culposos el imputado o imputada, haya sufrido a consecuencia del hecho, daño físico o moral grave que torne desproporcionada la aplicación de una pena.

4. Cuando la pena o medida de seguridad que pueda imponerse por el hecho o la infracción, de cuya persecución se prescinde, carezca de importancia en consideración a la pena o medida

de seguridad ya impuesta, o a la que se debe esperar por los restantes hechos o infracciones, o a la que se le impuso o se le impondría en un procedimiento tramitado en el extranjero.

Quedan excluidas de la aplicación de esta norma, las causas que se refieran a la investigación de los delitos de: homicidio intencional, violación; delitos que atenten contra la libertad, integridad e indemnidad sexual de niños, niñas y adolescentes; secuestro, **el delito de corrupción, delitos que causen grave daño al patrimonio público y la administración pública**; tráfico de drogas de mayor cuantía, legitimación de capitales, contra el sistema financiero y delitos conexos, delitos de multiplicidad de víctimas, **delincuencia organizada**, violaciones graves a los derechos humanos, lesa humanidad, delitos graves contra la independencia y seguridad de la nación y crímenes de guerra(...)"(Negrillas y subrayado nuestro)

Como apunta RODRIGO RIVERA, el principio de la oportunidad en el proceso penal venezolano queda relegado para los "delitos de bagatela"[204], quedando excluido expresamente aplicar cualquier remedio procesal según este principio en *los casos de corrupción y delincuencia organizada*, porque el sistema venezolano apunta más bien a la restitución de daños al patrimonio público[205], que al desmontaje de la lógica adversarial de enfrentamiento entre el Estado y las personas jurídicas sindicadas por actos corruptos como corruptoras.

1. *El reconocimiento del Acuerdo de Lenidad en jurisdicciones no brasileras*

Visto esto, entonces, ¿cómo aplicar la DECLARACIÓN DE BRASILIA SOBRE LA COOPERACIÓN JURÍDICA INTERNACIONAL CONTRA LA

---

204 RIVERA MORALES, R. ... *Código Orgánico Procesal Penal...*, 2013, p. 87.

205 MORENO BRANDT, C. ... "El procedimiento en la Ley contra la Corrupción" ..., 2008, p. 174.

CORRUPCIÓN 2017, sabiendo que Venezuela suscribió la misma? En un primer estadio pudiera servirse de los *Acuerdos de Lenidad* suscrito en otra jurisdicción a los fines de verificar la garantía constitucional del *non bis idem*[206], ya que, si las pruebas "decisorias" aportadas por una empresa que ha sido juzgada en Brasil, pero posee las mismas prácticas en su filial de Venezuela, quisiera aprovecharse para por lo menos formular un Acuerdo reparatorio venezolano y evitar el juicio, entonces, habría que verificar la validez de la sentencia que ha homologado el *Acuerdo de Lenidad.*

Al ser sentencia, el procedimiento típico que debe ocurrir es pasar por un *exequátur* dicha decisión emitida en Brasil para concederle fuerza ejecutoria en Venezuela[207]. Además, al ser nuestro país co-suscribiente de la UNCAC y transformarla en Ley Aprobatoria, se incorporan todos sus mecanismos a la legislación venezolana, pudiendo invocarse directamente. Quizá esta última fórmula sería la más conveniente en países como España, que también, incorporó dentro de su legislación a la UNCAC en 2005 como explicamos en la introducción del presente libro.

Posteriormente, el Ministerio Público iniciaría las correspondientes investigaciones y formulará las bases para el Acuerdo reparatorio. Lamentablemente, en nuestro país no puede extenderse el

---

[206] Sobre el particular, véase SÁNCHEZ GASCÓN, A. *Duplicidad de sanciones: ("non bis in idem"),* Madrid, 2004, ExLibris. También, GIMENO SENDRA, J.V y REGUEIRO GARCÍA, M.T. (Coord.). *Nuevas tendencias en la interpretación de los derechos fundamentales,* Madrid, 2015, Universitas. NIETO GARCÍA, A. "El principio "non bis in ídem", *Anuario de jornadas 1989-1990,* Guernica, 1991, Instituto Vasco de Administración Pública (IVAP), p. 355-378. GIMENO SENDRA, J.V. y DÍAZ MARTÍNEZ, M. *Manual de Derecho Procesal Penal,* Madrid, 2018, El Español.

[207] Artículos 850 al 858 del Código de Procedimiento Civil. Vale destacar que el artículo 53 de la Ley de Derecho Internacional Privado vigente (G.O. Nº 36.511 de fecha 06 de agosto de 1998) ha derogado parcialmente las disposiciones del Código de Procedimiento Civil señaladas.

principio de oportunidad de forma elástica, impidiendo trasmutar el Acuerdo reparatorio como una forma de presentar un *Acuerdo de Lenidad.* La diferencia entre ambas figuras ya se explicó *ut supra*, pero, guardan una conexidad que precisamente es para estos casos donde aplica.

De tal modo que para responder esa pregunta que nos formulamos, dependerá del grado de extensión y parámetros que contemple la legislación procesal de cada país en relación al principio de oportunidad. La soberanía estatal estaría dilatada o reducida en los procesos judiciales dependiendo la libertad del Ministerio Público Fiscal para ejercer discrecionalmente este principio tal como lo estudiamos en las páginas precedentes.

2. *La ejecución de un Acuerdo de Lenidad fuera de la jurisdicción del Brasil por delitos de corrupción de empresas brasileras en otras jurisdicciones*

En el subepígrafe anterior analizamos la hipótesis del reconocimiento de los *Acuerdos de Lenidad* fuera de Brasil. Ahora nos corresponde la ejecución de los mismos por delitos de corrupción de empresas brasileras contra la Administración Pública extranjera. La LEY ANTICORRUPCIÓN del Brasil contempla:

> "(...) Art. 1º Esta Lei dispõe sobre a responsabilização objetiva administrativa e civil de pessoas jurídicas pela prática de atos contra a administração pública, nacional ou estrangeira.
>
> Parágrafo único. Aplicase o disposto nesta Lei às sociedades empresárias e às sociedades simples, personificadas ou não, independentemente da forma de organização ou modelo societário adotado, bem como a quaisquer fundações, associações de entidades ou pessoas, ou sociedades estrangeiras, que tenham sede, filial ou representação no território brasileiro, constituídas de fato ou de direito, ainda que temporariamente.
>
> (...)

Art. 5° Constituem atos lesivos à administração pública, nacional ou estrangeira, para os fins desta Lei, todos aqueles praticados pelas pessoas jurídicas mencionadas no parágrafo único do art. 1°, que atentem contra o patrimônio público nacional ou estrangeiro, contra princípios da administração pública ou contra os compromissos internacionais assumidos pelo Brasil, assim definidos:

(...) *Omisis* (...)

§ 1° Considera-se administração pública estrangeira os órgãos e entidades estatais ou representações diplomáticas de país estrangeiro, de qualquer nível ou esfera de governo, bem como as pessoas jurídicas controladas, direta ou indiretamente, pelo poder público de país estrangeiro.

§ 2° Para os efeitos desta Lei, equiparam-se à administração pública estrangeira as organizações públicas internacionais.

§ 3° Considera-se agente público estrangeiro, para os fins desta Lei, quem, ainda que transitoriamente ou sem remuneração, exerça cargo, emprego ou função pública em órgãos, entidades estatais ou em representações diplomáticas de país estrangeiro, assim como em pessoas jurídicas controladas, direta ou indiretamente, pelo poder público de país estrangeiro ou em organizações públicas internacionais. (...)" (subrayado nuestro)

El artículo precisa en sus tres parágrafos lo que debe considerarse "Administración Pública extranjera". Basado en este texto, fueron concebidos algunos *Acuerdos de Lenidad* para reparar los daños ocasionados por la constructora NORBERTO ODEBRECHT a lo largo de América Latina a través de sus correspondientes filiales donde se procedía a los actos de corrupción continuada con el único objeto de recibir contratos de dichos Estados. Esta aplicación extensiva ha sido expresamente previsto en la citada ley[208], precisamente, para hacer más efectiva la reparación allende fronteras brasileras. Como consecuencia, cualquier condenatoria de la que haya sido objeto ODEBRECHT en el exterior, tiene corolarios sobre los *Acuerdos de Lenidad* y viceversa.

Ejemplo de esta situación ha sido la investigación penal (antejuicio de mérito) que el Ministerio Público venezolano sustanció entre 2015 y 2017[209], y que fuera presentado en 2018 contra el Presidente NICOLÁS MADURO por ser éste último responsable de delitos

---

[208] En efecto, el artículo 28 indica: "(...) Esta Lei aplica-se aos atos lesivos praticados por pessoa jurídica brasileira contra a administração pública estrangeira, ainda que cometidos no exterior. (...)"

[209] El Ministerio Público venezolano (Fiscalía General) interpuso el 19 de febrero de 2018, ante el TRIBUNAL SUPREMO DE JUSTICIA EN EL EXILIO, el antejuicio de mérito contra el Presidente Nicolás Maduro Moros por delitos de corrupción y legitimación de capitales. Debemos indicar, previamente, que en 2017 fue designada por la Asamblea Nacional (Congreso) los Magistrados del Tribunal Supremo de Justicia de conformidad con los mecanismos constitucionales presentes en la Constitución Bolivariana de Venezuela de 1999. Sin embargo, el gobierno de Nicolás Maduro desconoció este nombramiento, reforzando los magistrados que habían sido escogidos en diciembre de 2015. Esto obligó a los nuevos magistrados a exiliarse en diferentes países, constituyendo este TSJ en el "exilio". La misma suerte sufrió la entonces Fiscal General de la República, quien fuera destituida por la Asamblea Nacional Constituyente (2017-2020), ésta última, convocada y elegida de forma inconstitucional. Tras unos meses de proceso, el día 29 de octubre de 2018, el Tribunal Supremo de Justicia en Sala Plena, exiliado, dictó sentencia definitiva donde condenan a Nicolás Maduro Moros a pagar prisión por delitos de corrupción y legitimación de capitales. El expediente de este caso es el SP 2018-001. Vale destacar la extensa sentencia (183 páginas) donde se valoran los elementos probatorios aportados por la Fiscalía y la propia defensa *ad-litem*, sobresaliendo las testimoniales rendidas por la directiva de ODEBRECHT en Caracas, todos, enmarcados dentro de los *Acuerdos de Lenidad* suscritos en Brasil con motivo de la operación *Lava Jato*.

contra la corrupción y legitimación de capitales. En la investigación, aparece comprobada la participación -activa y decisiva- de ODEBRECHT como ente corruptor[210]. De igual forma, la constructora ha sido investigada por la no culminación de obras con sobreprecio como es el caso de la represa TOCOMA[211], ésta última, situa-

---

210 Son varios los párrafos de la motiva del fallo donde se indica la evidente participación de Odebrecht como ente corruptor. Citemos algunos: "(...) De tal elemento de convicción se desprende la participación activa del ciudadano Euzenando Prazeres de Acevedo, en la empresa fundada en Venezuela por la Constructora Norberto Odebrecht, S.A. con domicilio en Brasil, el cual se encargó de ejecutar múltiples acciones corruptas con la participación de identificados altos funcionarios venezolanos, entre los cuales se encuentra el hoy acusado, Nicolás Maduro Moros (...)" "(...) Del elemento de convicción enunciado se extrae que la empresa Constructora Norberto Odebrecht constituida en Brasil en el año 1945, fundó en Venezuela sucursal en el año 1991, ello con los mismos fundamentos utilizados por la empresa que generó mecanismos de corrupción para su funcionamiento, a lo que no escapó Venezuela, involucrándose en ese sistema altos funcionarios y políticos venezolanos, entre los cuales se encuentra el hoy acusado, Nicolás Maduro Moros (...)" (subrayado nuestro).

211 En efecto, en 2017 fue publicado el *Informe final de la Comisión Mixta para el estudio de la crisis eléctrica en Venezuela*, de la ASAMBLEA NACIONAL DE LA REPÚBLICA BOLIVARIANA DE VENEZUELA. La Comisión fue presidida por el entonces diputado Jorge Millán Torrealba, y su objeto fundamental, fue la revisión exhaustiva de las obras y demás situación de la deteriorada industria eléctrica venezolana. Pues bien, oficialmente, la Asamblea Nacional logró comprobar la responsabilidad de la empresa Odebrecht en los sobreprecios para la construcción de la hidroeléctrica "Tocoma", ubicada en el río Caroní del estado Bolívar. La obra se licitó internacionalmente por el Estado venezolano en 2007 por el orden de los 3061 millones de dólares. La Asamblea Nacional comprobó, 10 años después, que el monto desembolsado por la obra fue de 5.488,2 millones de dólares, de los cuales, 900 millones proceden de préstamos directos de la Comisión Andina de Fomento, que la República deberá honrar en 2024 (p. 105, párrafo 381).

da en el bajo Caroní. También, existe un informe de la COMISIÓN DE CONTRALORÍA DE LA ASAMBLEA NACIONAL[212] donde se hicieron las evaluaciones sobre los daños generados por la empresa ODEBRECHT en Venezuela[213].

De ambos casos debemos resaltar lo siguiente:

* En la sentencia condenatoria al Presidente Nicolás Maduro Moros, no vamos a resaltar las sanciones penales, sino, lo dispuesto en el dispositivo octavo que se adecúa a la hipótesis que estamos explicando en este subepígrafe sobre poder incluir dentro de un *Acuerdo de Lenidad* suscrito en Brasil por una sociedad mercantil brasilera que ha afectado el patrimonio público de la Administración Pública venezolana:

---

212 ASAMBLEA NACIONAL DE LA REPÚBLICA BOLIVARIANA DE VENEZUELA/COMISIÓN PERMANENTE DE CONTRALORÍA. *Informe caso Odebrecht en Venezuela,* Caracas, 2017. Dada la magnitud de la investigación, decidió crearse la Sub-comisión Especial, para la sustanciación del informe final, como indica el *Informe de gestión. Ejercicio legislativo 2017* de la citada Comisión permanente de la Asamblea Nacional, p. 2 "(...) Del mismo modo, se llevaron a cabo diversas visitas parlamentarias a lo largo del país, para la verificación de irregularidades en el manejo y ejecución de fondos públicos. En especial lo relacionado al caso Odebrecht, en virtud del cual el Presidente de esta Comisión realizó viajes al extranjero para la recabación de documentación y elementos probatorios que sustentasen la investigación realizada con respecto a dicho caso de corrupción, lo cual derivó en la creación de una Sub Comisión Especial y una Comisión Mixta y la entrega ante la plenaria de la Asamblea Nacional de un informe definitivo con respecto a la investigación (...)"

213 Véase dos investigaciones exhaustivas llevadas a cabo por TRANSPARENCIA VENEZUELA. *Odebrecht en Venezuela.* Caracas, julio de 2017. Puede consultarse en línea en www.transparencia.org.ve [Consulta: agosto de 2021]. También, de la misma organización véase "Odebrecht: fiel reflejo de la impunidad en el sistema de justicia venezolano", en: *Informe Corrupción 2018*, Caracas, Transparencia Venezuela, p. 281-286.

"(...) **OCTAVO:** Se ordena notificar a los Ministerios Públicos o, según el caso, a las Procuradurías Generales de los distintos países que con base en las pruebas que constan en el expediente, se sirvan activar los mecanismos de la Justicia Internacional Transnacional conforme a la denominada **Convención de Palermo**, y, así, ejercer las acciones y medidas que ella permite, según el caso, en atención al carácter de los delitos transnacionales.

Asimismo, se acuerda notificar a todas las autoridades judiciales, administrativas y con competencia en investigaciones y medidas penales, correspondientes a los países donde pudiera haber indicios de la existencia de capitales o bienes producto de los delitos a que se refiere el fallo, todo con el objeto de que se efectúe su determinación, congelación y posterior liquidación y devolución al Estado Venezolano conforme a los parámetros que oportunamente indique este Tribunal Supremo de Justicia. (...)" (subrayado nuestro, negrillas originales de la sentencia).

* La sentencia precisa el monto del daño ocasionado al Patrimonio público venezolano, dentro de este esquema corrupto de ODEBRECHT y altos funcionarios venezolanos. El fallo estima los perjuicios por el orden de los *Treinta y cinco mil millones de dólares americanos* (Us$35.000.0000.000,00), haciendo también, tras un peritaje contable, los montos efectivos de dinero recibidos por ODEBRECHT en las diferentes contrataciones de obras públicas en Venezuela.

* En la valoración probatoria, el Supremo en el exilio, hace referencia en varios puntos del dispositivo judicial analizado a los llamados "acuerdos de colaboración"[214] celebrados en la legis-

---

214 La sentencia nos indica sobre el reconocimiento, tras el traslado de fiscales venezolanos hacia Brasil, donde se les interroga a varios representantes legales de ODEBRECHT en Venezuela para el momento en que se celebraron los actos corruptos. Este interrogatorio se realizó de

---

conformidad a la cooperación internacional de Brasil con Venezuela (N° 1.00.000.0383/2017-42), de la cual, se levantó Acta cuyo contenido es el siguiente: "(...) *A los 2 días del mes de agosto de 2017, a las 13 horas, en la sede de la Procuraduría de la República de Bahia, en Salvador/BA, presente el Procurador de la República OVIDIO AUGUSTO AMOEDO MACHADO, los procuradores ("fiscales") PEDRO LUPERA y RAIZA SIFONTES, representantes del Ministerio Público de Venezuela, del traductor de español ROBERTO SOARES DIAS JUNIOR (RG no 5 354 974-07 SSP-BA), comparece JOÃO CERQUEIRA SANTANA FILHO, brasileiro, mayor, nacido el 05/01/1953, natural de Tucano/BA, hijo de João Cerqueira de Santana y Helena de Carvalho Moura, CPF n° 059.802.245-72, con residencia en Rua do Mé, 125, Condomínio Parque Interlagos, Camaçari/BA, y MÔNICA REGINA CUNHA MOURA, brasileira, mayor, nacida el 09/08/1961, natural de Feira de Santana/BA, hija de Benjamim Silva Moura y Fidelice Cunha Moura, CPF 441.627.905-15, con residencia Rua do Mé, 125, Condomínio Parque Interlagos, Camaçari/BA, acompañados por su abogado JULIANO CAMPELO PRESTES (OAB/PR n° 32.494), en su condición de colaboradores de la Justicia Brasileira, y se comprometen a hablar la verdad y no mantener silencio de lo que le sea preguntado, ya que por medio de este documento las autoridades extranjeras aquí presentes asumen expresamente el compromiso de:*

1. respetar los términos de los acuerdos de colaboración previamente firmados con o MPF, el 6 e 8 de marzo de 2017 (copias anexas), por los deponentes JOÃO CERQUEIRA SANTANA FILHO, MÔNICA REGINA CUNHA MOURA y ANDRÉ LUÍS REIS SANTANA, anotada en su cláusula 18 y parágrafos;

2. no procesar criminalmente a los colaboradores JOÃO CERQUEIRA SANTANA FILHO, MÔNICA REGINA CUNHA MOURA y ANDRÉ LUÍS REIS SANTANA, por los mismos delitos indicados en este pedido de cooperación internacional;

3. no compartir estas declaraciones con otros órganos públicos de Venezuela ni de cualquier otro país o con organizaciones internacionales, sin previa autorización del Estado brasileiro, excepto el Poder Judicial de Venezuela.

lación de Brasil (pp. 121, 125-126, 130) y la "delación premiada" de MARCELO ODEBRECHT (p. 95)[215] donde expone el esquema corruptor de la empresa. A nuestro juicio, estos acuerdos no son más que los Acuerdos de Lenidad suscritos en razón de la operación *Lava Jato*.

* En el caso de la Central Hidroeléctrica de "Tocoma", la Asamblea Nacional, tras el peritaje, determinó el "impacto económico" producido por el retraso de ODEBRECHT en la ejecución de la misma, estableciendo:

"(...) El costo de oportunidad del retraso de 8 años en la construcción de Tocoma se encuentra en el orden de 16.000 millones de dólares, ocho veces el costo original de la obra. El costo de oportunidad debe entenderse como los recursos económicos que hubiese obtenido el Estado de la venta de combustible líquido

---

De igual modo, quedan conscientes los presentes de que este testimonio solamente será transmitido a las autoridades centrales venezolanas por la autoridad central brasileira, caso que aquella asuma, igualmente, expresamente y por escrito, los mismos compromisos conforme termino propio a ser encaminado por la Secretaria de Cooperaciones Internacional de la Procuraduría General de la República.

A todos conscientes del registro audiovisual del presente acto, los deponentes, en condición de colaboradores, conocen su derecho de permanecer en silencio y prestaran sus declaraciones, respondiendo las preguntas formuladas por las autoridades venezolanas, relacionados a la Investigación Criminal n° MP-3561-2017.

No existiendo más nada que tratar, se cierra el presente acto, digitalizado por Yeda Souza de Jesús, Asistente de despacho, Matrícula n° 14527-1, que, después de leído y hallado conforme, van debidamente firmado. (...)" (cursivas originales de la sentencia).

215 Delación premiada realizada ante la Sección Judicial de Paraná 13° Var Federal de Curitiba; por los investigados en causa penal 50549932-88.2016.404.7000/PR. Entre los delatores, se identifica a los ciudadanos Mónica Moura, Joao Cerqueira De Santana Filho y Marcelo Bahía Odebrecht. (En idioma portugués).

quemado en las centrales termoeléctricas en lugar de despachar oportunamente la central hidroeléctrica según el plan previsto (...)"[216] (subrayado nuestro)

Visto que, a lo largo de ambos documentos revisados, donde determinan responsabilidad patrimonial de Odebrecht en materia de corrupción, es jurídicamente factible que pueda la autoridad legítima venezolana solicitarle al Ministerio Público de Brasil que en base a las decisiones anteriormente señaladas y el informe de la Asamblea Nacional, pueda resarcirse los daños ocasionados por ODEBRECHT a la Administración Pública nacional, de conformidad con el artículo 28 de la *Lei Anticorrupção.*

Esta afirmación nos lleva a dos preguntas que son clave para comprender la hipótesis que estamos analizando en este subepígrafe como es el reconocimiento en Brasil de declaratorias de responsabilidad patrimonial de una empresa brasilera hacia la Administración Pública venezolana y por tanto, poder acogernos a los *Acuerdos de Lenidad* donde su esencia es la de obligar a la reparación del daño ocasionado a los entes públicos, sean de Brasil o extranjeros.

La primera pregunta es si debemos acogernos en este caso al concepto de cooperación procesal internacional a secas[217] o bien la obligatoriedad de reparación "automática" sólo por haberse suscrito un *Acuerdo de Lenidad.* Para responder, debemos indicar que existen mecanismos que se encuentran amparados en un mismo vínculo por los Estados: SON INSTRUMENTOS PARA LUCHA CONTRA LA CORRUPCIÓN. Ejemplo de ello son las Convenciones Internacionales en la lucha contra este flagelo, que por la casuística que narramos en

---

216 Comisión Mixta de la Asamblea Nacional. ... *Informe final de la Comisión Mixta para el estudio de la crisis eléctrica en Venezuela* ... 2017, p. 108, párrafo 392.

217 Para más detalles, véase SALINAS BURGOS, H. "El principio de jurisdicción internacional: ¿Lex data o Lex desiderata?, *Revista Chilena de Derecho,* Vol. 34, N° 1, 2007, p. 107-134.

marras, sobresaldría tres en específico, que vinculan tanto a Brasil como a Venezuela de la misma forma:

* La CONVENCIÓN INTERAMERICANA CONTRA LA CORRUPCIÓN de 1996[218].
* PROTOCOLO DE MERCOSUR DE COOPERACIÓN Y ASISTENCIA JURISDICCIÓN EN MATERIA CIVIL, COMERCIAL, LABORAL Y ADMINISTRATIVA DE 1992[219].
* PROTOCOLO DE ASISTENCIA JURÍDICA MUTUA EN ASUNTOS PENALES[220].

Con respecto a la CONVENCIÓN INTERAMERICANA CONTRA LA CORRUPCIÓN, su artículo XIV contempla la cooperación para el juzgamiento y ejecución de decisiones relacionadas a la corrupción suscrita por los Estados-parte del tratado. En relación a los Protocolos de MERCOSUR, si bien Venezuela se encuentra suspendida desde 2017[221], debemos resaltar, por la decisión supra comentada sobre

---

218 La Convención Interamericana ha sido adoptada por todos los países de la región, salvo razones históricas, la República de Cuba. Venezuela adaptó el tratado en la *Ley Aprobatoria de la Convención Interamericana Contra la Corrupción*, publicada en Gaceta Oficial de la República de Venezuela (G.O.), N° 36.211 de fecha 22 de mayo de 1997.

219 Aprobada en mayo de 1992, MERCOSUR/CMC/DEC.N° 05/92. En específico contempla unos principios básicos para solicitar la ejecución de sentencias de contenido civil, en específico, los artículos 20 al 25 del citado Protocolo.

220 Aprobado en junio de 1996, MERCOSUR/CMC/DEC N° 2/96.

221 Decisión sobre la suspensión de la República Bolivariana de Venezuela en el MERCOSUR en aplicación del Protocolo de Ushuaia sobre compromiso democrático en el MERCOSUR, suscrito en Sao Paulo el 5 de agosto de 2017. La suspensión se debió a la ruptura del orden democrático acaecidas por las decisiones arbitrarias asumidas por las autoridades venezolanas en relación a las protestas de ese año, aunada a la polémica convocatoria de la Asamblea Nacional Constituyente. Véase BREWER-CARÍAS, A.R. *La inconstitucional convocatoria de*

ODEBRECHT, lo previsto en el artículo 23.2 del Protocolo de Asistencia en asuntos penales que establece:

"(...) Artículo 23.

(...) *Omisis* (...)

2.- Los Estados Partes se prestarán asistencia, de conformidad con sus respectivas leyes, en los procedimientos referentes a medidas asegurativas, indemnización a las víctimas de delitos y cobro de multas impuestas por sentencia judicial (...)" (subrayado nuestro)

En el caso de ODEBRECHT y los *Acuerdos de Lenidad* suscritos, se le obliga a la indemnización a las Administraciones Públicas extranjeras que han sido víctimas de las prácticas corruptas, como la venezolana. Por ello, para el reconocimiento de la decisión condenatoria, deberá alegarse este dispositivo para facilitar las reparaciones ordenadas en los Acuerdos, los cuales, es casi seguro que hayan cuantificado los daños patrimoniales ocasionados por la empresa cariaco de construcción en aquellos Estados donde operó.

Sobre la segunda pregunta, ¿quién debe solicitar la ejecución de la sentencia en Brasil, dentro del marco de un *Acuerdo de Lenidad*?, resulta más difícil que la primera, dada la compleja situación política venezolana tras el vencimiento del período constitucional legítimo del Presidente Nicolás Maduro (2013-2019) el día 10 de enero de 2019[222]. Como es notorio y comunicacional, tras la fecha, la Asam-

una Asamblea Nacional Constituyente en fraude a la voluntad popular. Caracas, 2017, Colección Textos legislativos Nº 56 - Editorial Jurídica Venezolana.

222 Debe acotarse -sobre todo al lector no venezolano- que las elecciones presidenciales de 2018 donde salió reelecto Nicolás Maduro Moros como Presidente de Venezuela para el período 2019-2025, fue cuestionada por la Comunidad Internacional al considerarla "no garantista" ni imparcial. Por ello, se planteó un grave problema de legitimidad constitucional para el mandatario venezolano -en funciones- que im-

blea Nacional en ese momento decidió activar los mecanismos constitucionales para suplir la ausencia absoluta de la Presidencia de la República[223], asumiendo el cargo el Presidente de la Asamblea Nacional.

A esta situación de carencia institucional, desde 2017, la entonces Fiscal General de la República fue revocada por la Asamblea Nacional Constituyente, designando a otro sustituto sin legitimidad para ocupar el cargo. Es lógico que ante una situación como la planteada, sobre quién debería solicitar en Brasil el reconocimiento de la sentencia que comprueba la corrupción de ODEBRECHT en Venezuela, debería ser el Ministerio Público a través de su máxima autoridad: *el Fiscal General de la República*. Sin embargo, como indicamos, el titular actual posee dudosa legitimidad en el cargo, con el agravante que el actual Gobierno de Brasil[224] no lo

---

plicó un abanico de problemas a nivel constitucional desde su declaratoria de abandono del cargo hasta la falta absoluta. Para más detalles, véase BREWER-CARÍAS, A.R. *Crónica constitucional de una Venezuela en las Tinieblas 2018-2019*. Buenos Aires, Santiago de Chile, Madrid, 2019, Biblioteca de Derecho Público-Ediciones Olejnik, p. 68-77.

223 En efecto, la Constitución vigente de 1999 contempla para estos casos: "(...) Artículo 233 (...) *Omisis* (...) Cuando se produzca la falta absoluta del Presidente electo o Presidenta electa antes de tomar posesión, se procederá a una nueva elección universal, directa y secreta dentro de los treinta días consecutivos siguientes. Mientras se elige y toma posesión el nuevo Presidente o nueva Presidenta, se encargará de la Presidencia de la República el Presidente o Presidenta de la Asamblea Nacional (...)" (subrayado nuestro)

224 Oficialmente, la Cancillería Brasileña (MINISTÉRIO DAS RELAÇÕES EXTERIORES), en fecha 06 de agosto de 2017, se pronunció categóricamente sobre la "arbitraria destitución" de la entonces Fiscal General de la República, abogada Luisa Ortega Díaz. Para más detalles, véase nota de prensa de la Cancillería de la República Federativa del Brasil: https://www.gov.br/mre/es/canales_servicio/prensa/notas-a-la-prensa/destitucion-de-la-fiscal-general-de-venezuela-luisa-ortega

reconoce como legítimo titular de la vindica pública venezolana, así como al propio gobierno de Nicolás Maduro[225].

Frente a esta situación de desorden institucional venezolano, la Asamblea Nacional aprobó, en febrero de 2019, el ESTATUTO QUE RIGE LA TRANSICIÓN A LA DEMOCRACIA PARA RESTABLECER LA VIGENCIA DE LA CONSTITUCIÓN DE LA REPÚBLICA BOLIVARIANA DE VENEZUELA[226]. En dicho documento se consagró la figura del "Procurador Especial", cuya función era:

> "(...) b. Mientras se nombra válidamente un Procurador General de la República de conformidad con el artículo 249 la Constitución, y en el marco de los artículos 15 y 50 de la Ley Orgánica de la Procuraduría General de la República, el Presidente encargado de la República podrá designar a quien se desempeñe como procurador especial para la defensa y representación de los derechos e intereses de la República, de las empresas del Estado y de los demás entes descentralizados de la Administración Pública en el exterior. Dicho procurador especial tendrá capacidad de designar apoderados judiciales, incluso en procesos de arbitraje internacional, y ejercerá las atribuciones mencionadas en los numerales 7, 8, 9 y 13 del artículo 48 de la Ley Orgánica de la Procuraduría General de la República, con las limitaciones derivadas del artículo 84 de esa Ley y del presente Estatuto. Tal

---

225 Véase DELLA COLETTA, R. "Governo Bolsonaro avisa que representantes de Maduro devem deixar o Brasil. Itamaraty também vai retirar todo o seu corpo diplomático da Venezuela", en: *Folha de S. Paulo,* Edición del 6 de marzo de 2020 [en línea: consultado el 6 de julio de 2020] en: https://www1.folha.uol.com.br/internacional/es/mundo/ 2020/03/el-gobierno-de-bolsonaro-pide-a-los-representantes-de-maduro-abandonen-brasil.shtml

226 Sobre el Estatuto de la Transición y sus pormenores, véase BREWER-CARÍAS, A.R. *Transición hacia la democracia en Venezuela. Bases constitucionales y obstáculos usurpadores.* Miami/Caracas, 2019, Iniciativa Democrática de España y las Américas (IDEA) - Editorial Jurídica Venezolana.

representación se orientará especialmente a asegurar la protección, control y recuperación de activos del Estado en el extranjero, así como ejecutar cualquier actuación que sea necesaria para salvaguardar los derechos e intereses del Estado. El procurador así designado tendrá el poder de ejecutar cualquier actuación y ejercer todos los derechos que el Procurador General tendría, con respecto a los activos aquí mencionados. A tales efectos, deberá cumplir con las mismas condiciones que la Ley exige para ocupar el cargo de Procurador General de la República. (...)" (subrayado nuestro)

El texto crea la figura -temporal- del procurador encargado quien tendría la misión precisamente de las actuaciones judiciales de Venezuela en el exterior. En el caso bajo análisis, le corresponde a este funcionario el ejercicio de las acciones debidas para proteger los intereses del Estado venezolano en el extranjero[227]. No tenemos conocimiento hasta el momento si se ejercieron las acciones correspondientes para hacer valer la decisión del Tribunal Supremo en el exilio en Brasil y así acogernos a los *Acuerdos de Lenidad* suscritos en razón de la obligatoriedad de reparación de la empresa ODEBRECHT al Estado venezolano.

IV. LOS ACUERDOS DE LENIDAD Y SU CONTRIBUCIÓN AL SISTEMAS DE CONTROL INTERNO DE LAS ADMINISTRACIONES PÚBLICAS Y EL CICLO ANTIFRAUDE

Como se indicó, en el texto original de la *Lei Anticorrupção* de 2013, una de las grandes contribuciones de los *Acuerdos de Lenidad* -como requisito especial- fue la adopción *obligatoria* de programas

---

[227] La Asamblea Nacional designó en 2019 como Procurador Especial, al Doctor JOSÉ IGNACIO HERNÁNDEZ, hasta su renuncia del cargo el 28 de mayo de 2020. Posteriormente, en junio de 2020, fue sido designado en el cargo al Doctor ENRIQUE SÁNCHEZ FALCÓN quien se encuentra como titular actual.

de integridad o corrección de uno existente[228]. Esta obligación se extiende inclusive hasta los mismos sistemas de control fiscal. Los órganos encargados de una investigación acordada por lenidad pueden emplear las resultas para evaluar el alcance de los procedimientos e instrumentos jurídicos aprobados por dichos entes como nuevo punto de partida para revisar la eficiencia y alcance.

Al respecto, vale la pena hacer una proyección de los resultados de una investigación interna corporativa hacia los procedimientos del control fiscal, en la medida que sea asimilable por la naturaleza misma de la actividad pública. Según lo señalado por PALOMINO SEGURA[229], si la investigación confirma la existencia de un incumplimiento sobre políticas internas, por ejemplo, antisoborno, deberá valorarse:

a.- La naturaleza del incumplimiento, es decir, en qué ha consistido.

b.- Las consecuencias que deben derivarse para los funcionarios públicos que han incurrido tanto en recibir el soborno, así como, los empleados de la compañía que lo ofrecieron.

---

228 El Art. 16. de la Ley Anticorrupción de Brasil, en su versión original de 2013, antes de las medidas provisionales del Decreto N° 703 de 2015, ordenaba la aplicación inmediata de "(...) IV - o comprometimento da pessoa jurídica na implementação ou na melhoria de mecanismos internos de integridade. (...)". Hoy la medida complementaria del *Acuerdo de Lenidad* quedó como una costumbre ínsita en los mismos, ya que, si buscamos la prevención, poco es lo que se puede conseguir si no se revierte lo que se llama la "lógica adversarial" que impera en los procesos penales relativos a la corrupción. La revisión del DOU indica que este literal IV fue eliminado con la aplicación del decreto ya citado del año 2015.

229 PALOMINO SEGURA, J. "Las investigaciones internas corporativas", en *Derecho Penal 2020,* Ortega Burgos, E. et. al. (Coord.) Valencia, 2020, Tirant Lo Blanch. Hemos consultado esta obra bajo el Documento TOL7.934.920 del programa de Compliance Internacional, 2020, p. 6.

c.- La exposición de la sociedad mercantil a dicho incumplimiento, y en su caso, las responsabilidades que pudiera derivársele.

d.- Áreas de mejora en las políticas internas antisoborno o forma de hacer en la empresa con el fin de evitar que en el futuro vuelva a producirse incumplimientos similares.

De esta forma, haciendo la asimilación, los *Acuerdos de Lenidad* estarían más centrados no en los evidentes beneficios del clásico Derecho premial penal, sino, como *herramienta de colaboración eficiente para las propias administraciones públicas* si partimos que también éstas últimas pueden construir una cultura ética organizativa que se atreva a superar la clásica concreción de instrumentos deontológicos.

Así, la implementación de los Informes y metodología de control COSO[230] se tornan más eficientes -y menos costosos- para el

---

230 COSO es el acrónimo del *Committe of Sponsoring Organization of the Treadway Commision*, fundado en 1985 por 5 asociaciones profesionales en los Estados Unidos (*American Accounting Association* [AAA], el *American Institute of Certified Public Accountants* [AICPA], *Financial Executives International* [FEI], *The Institute of Internal Auditors* [IIA] y la *Asociación Nacional de Contadores* (ahora *Instituto de Contadores de Gestión* [IMA]) cuyo objeto es el tema del fraude contable, la gestión de riesgos empresariales y el control interno y disuasión del fraude. En 1992, publicó el *Marco Integrado de Control Interno,* mejor conocido como COSO-I, donde se precisó una definición aceptada por todos del concepto de control interno y a su vez una guía para la creación y mejora de la estructura de control interno. En 2004, tras los escándalos acaecidos con el corporación ENRON y ARTHUR ANDERSEN, se publicó el *Marco integrado de Gestión del riesgo en la empresa* que se le bautizó como COSO-II. En esta oportunidad amplió el concepto de control interno, haciendo énfasis en la identificación, evaluación y gestión integral del riesgo. En 2013, COSO publica la actualización del Marco Integrado de Control Interno (COSO-III), ratificando los espacios de riesgos cada vez más amplios por la propia concepción de la Sociedad de Riesgo global que hemos abordado en la primera parte del presente libro. Finalmente, en

sector público en razón que la detección precisa de cómo se puede llegar a corromper (lógica del corruptor), vale más que cualquier ejercicio especulativo sobre cómo prevenir[231].

La mayoría de los instrumentos de control fiscal, inclusive de *compliance*, en el sector público devienen sobre la experiencia del funcionario que ha sido objeto de la corrupción, es decir, se torna siempre un horizonte ético pensado en como no caer en la tentación, y de hacerlo, cómo salir adelante sin que perjudique los intereses generales que a la final tutela la Administración Pública. El *Acuerdo de Lenidad* ofrece la oportunidad que aquellos encargados de construir los mecanismos de prevención descubran los detalles propios de quien corrompe, de un universo empresarial que es racionalmente contrastante a la tutela del interés general. De la comprensión cómo en ciertos riesgos corporativos para la consecución de un lucro lícito se actúa ilícitamente y caer en el espejismo de la reducción de costes del Acuerdo corrupto.

2017, se publica el *Marco de Gestión de Riesgos Empresariales - Integración con la Estrategia y el Rendimiento* (COSO-IV) para fomentar a nivel global la cultura de conocimiento y gestión de riesgos en las organizaciones. Para más detalles, véase INSTITUTO DE AUDITORES INTERNOS DE ESPAÑA. *Gestión del Riesgo de Fraude: Prevención, Detección e Investigación*, Madrid, 2015, La Fábrica del Pensamiento-Instituto de Auditores Internos de España. También, INSTITUTO DE AUDITORES INTERNOS DE ESPAÑA. *Aplicación del Marco Integrado de Control Interno (COSO) en el Sector Público español.* Madrid, 2016, Instituto de Auditores Internos de España. FERNÁNDEZ AJENJO, J.A. "La gobernanza y la prevención de la corrupción como factores de desarrollo económico y social", en: *Corrupción y desarrollo,* RODRÍGUEZ-GARCÍA, N. y RODRÍGUEZ-LÓPEZ, F. (Edit.). Valencia, 2017, Tirant lo Blanch.

231 Véase ORSI, O.G y RODRÍGUEZ GARCÍA, N. "Las investigaciones defensivas en el compliance penal corporativo" en *Compliance y responsabilidad de las personas jurídicas,* RODRÍGUEZ-GARCÍA, N. y RODRÍGUEZ LÓPEZ, F. (Edit.). Valencia, 2021, Tirant Lo Blanch, p. 302-307.

Cuando el *Acuerdo de Lenidad* se enmarca en la naturaleza jurídica del remedio procesal, la relación de colaboración público/privado fortalece las convicciones entre los funcionarios sobre evitar a toda costa delegarle a quien fungió como corruptor, pues, estaríamos en presencia de la tesis abolicionista del Estado por la empresa. También, y aunque suene paradójico, la aplicación de los resultados de las investigaciones acordadas en Lenidad, facilitarán la corrección de la inclinación natural del funcionario público de considerarse superior y por encima del sector privado, evitando que cualquier política de control implique un enfrentamiento innecesario con la empresa. Debemos recordar que los *Acuerdos de Lenidad* no están formulados para personas jurídicas delictivas, sino, para quienes se enmarcan dentro de las actividades económicas lícitas.

V. PROPUESTA PARA LA TIPIFICACIÓN DE LOS ACUERDOS DE LENIDAD EN LA FUTURA LEGISLACIÓN VENEZOLANA

Como punto final de esta segunda parte, nos centraremos en la búsqueda de cómo pudiera ser la acogida de los *Acuerdos de Lenidad* en la futura legislación venezolana contra la corrupción que lo contemple. Para este momento, en ningún instrumento legal venezolano se concibe el *Acuerdo de Lenidad*, de manera expresa, salvo en una interpretación demasiado extensiva en los casos previstos en la LEY PENAL DEL AMBIENTE, instrumento venezolano, que junto a la LEY ORGÁNICA CONTRA LA DELINCUENCIA ORGANIZADA Y FINANCIAMIENTO AL TERRORISMO, tal como explicamos, reconocen la responsabilidad penal de las personas jurídicas. A lo sumo, como se explicó, se facilita los acuerdos reparatorios, pero éstos están muy lejos de representar uno de Lenidad. Así, con el estudio desarrollado a lo largo del presente libro nos facilitarán herramientas para evitar reproducir problemas recurrentes y maximizar los beneficios de su inclusión en aquellos regímenes legales que sí lo contemplan, como es el caso de Brasil.

Hasta el momento en que cerramos la edición (septiembre 2021), sólo ha existido una iniciativa en 2017 introducida ante el parlamento venezolano (Asamblea Nacional) que lleva por título LEY DE RECUPERACIÓN DE ACTIVOS PRODUCTO DE LA CORRUPCIÓN[232] (LERAPC). En nuestra obra el comiso autónomo y la extinción de dominio[233], habíamos sugerido que más bien el nominativo fuera **"LEY SOBRE LA EXTINCIÓN DE DOMINIO Y ACCIONES PATRIMONIALES CONTRA LA CORRUPCIÓN"**.

El proyecto consta de 126 artículos y 6 disposiciones transitorias, que además de reglamentar lo concerniente a la lucha contra la corrupción, introduce el Título V que denomina "De los Incentivos". La exposición de motivos indica con respecto a dicho Título lo siguiente:

> "(...) En el título V se regula todo el tema de los incentivos, tanto para lograr acuerdos con los autores de los actos de corrupción como la cooperación de terceros en las investigaciones (...)" (subrayado nuestro)

Reafirma así la intención del legislador en concebir una suerte de incentivos donde se busca "acuerdos con los autores de los actos de corrupción", como una suerte de aplicación de lo que explicamos como la "conformidad" de la legislación española[234]. Sin embargo, cuando revisamos el articulado que contiene dicho Título tenemos los siguientes preceptos del citado Título V:

---

232 El proyecto de ley fue introducido en 2018 y aprobado en segunda discusión el 4 de diciembre de 2018, como fue ampliamente reseñado por la prensa venezolana [https://www.eluniversal.com/politica/27419/parlamento-aprobo-ley-de-recuperacion-de-activos-asociados-a-hechos-de-corrupcion]

233 Capítulo Quinto, páginas 218 a 229, edición internacional - Editorial Jurídica Venezolana, Caracas, 2020.

234 Para más detalles, véase RODRÍGUEZ GARCÍA, N. "La conformidad en el proceso penal de las personas jurídicas", en *Proceso penal y responsabilidad penal de personas jurídicas.* NEIRA PENA, A. y PÉREZ-CRUZ MARTÍN, A.J. (Coord.) Pamplona, 2017, Aranzadi-Thomsos, p. 190.

Cooperador eficaz

Artículo 100.- Cuando un tercero suministre información que resulte útil y necesaria para la recuperación de activos, se le otorgará entre un tres por ciento (3%) y un diez por ciento (10%) del valor de lo efectivamente recuperado en virtud de la información suministrada.

Cooperadores múltiples

Artículo 101.- Cuando para recuperar un mismo activo ilícito concurran varios cooperadores, la cantidad que se les otorgue como incentivos no podrá exceder en su conjunto del diez por ciento (10%) de lo efectivamente recuperado, debiendo ajustarse el incentivo acordado con cada cooperador en proporción a este límite.

Excepción favorable

Artículo 102.- Cuando los activos ilícitos se encuentren fuera del territorio de la República, se podrán acordar incentivos por un monto superior a los límites establecidos anteriormente, si en la legislación extranjera que resulte aplicable se establecen límites superiores.

En este caso, los incentivos no podrán ser superiores al límite establecido en la legislación extranjera más un tres por ciento (3%).

Protección de testigos y cooperadores eficaces

Artículo 103.- Aquellas personas que de conformidad con las normas previstas en este capítulo cooperen con la recuperación de activos, recibirán medidas de protección de conformidad con lo establecido en la legislación que regula la protección de víctimas, testigos y demás sujetos procesales.

Adicionalmente, el cooperador tendrá derecho a que se mantenga la reserva de su identidad y no podrá ser obligado a testificar en juicio.

Homologación judicial

Artículo 104.- El otorgamiento de incentivos acordado por la Oficina Nacional para la Recuperación de Activos deberá ser homologado por Tribunal de Primera Instancia competente en la recuperación de activos.

En ese mismo acto el Tribunal competente podrá otorgar cualquier medida que considere necesaria para garantizar la integridad del cooperante y su estabilidad laboral.

Reglamento de incentivos

Artículo 105.- El procedimiento para el otorgamiento de incentivos, así como los criterios para determinar el monto del incentivo acordado, se determinarán en un reglamento que a tal efecto dictará la Oficinal Nacional para la Recuperación de Activos.

Nótese que en ninguno de los dispositivos transcritos aparece lo que promete la exposición de motivos, relativo a los acuerdos con los autores de los actos de corrupción. Esta omisión puede considerarse una oportunidad perdida para introducir la figura de los *Acuerdos de Lenidad* con las connotaciones del Derecho comparado que hemos indicado a lo largo del presente ensayo.

Sin embargo, revisando con detenimiento otros artículos, en el Capítulo II (De la competencia y el procedimiento judicial para las acciones de extinción de dominio y civiles) del Título IV (De los procedimientos), nos topamos con el siguiente:

Culminación del procedimiento mediante acuerdo

Artículo 85.- En cualquier etapa del proceso, las partes podrán llegar a acuerdos de conformidad con lo establecido en esta ley, los cuales serán homologados por el tribunal que conozca la causa y adquirirán fuerza y autoridad de cosa juzgada (subrayado nuestro)

Sorprende la forma en que se ha colado este supuesto incentivo dentro de la estructura relativa a los procesos de extinción de dominio y acciones civiles[235], pues, nos indica que en "cualquier etapa del proceso" se puede concebir un acuerdo que, de fin al mismo, tan igual como un NPA. Pudiéramos asimilar esta propuesta de ley venezolana a un *Acuerdo de Lenidad* más sin embargo, de plano son incompatibles por cuanto estos últimos buscan más bien evitar el entablamento de una litis. En cambio, el acuerdo propuesto en Ve-

---

235 Estimamos un error de ponderación del legislador integrar bajo un mismo procedimiento, las acciones civiles con las de extinción de dominio, como si de suyo, ambas fueran compatibles en todos sus aspectos. Esto no es así, ya que, la extinción de dominio -como acción declarativa- en ningún momento persigue la condena judicial sino la declaratoria sobre la "inexistencia" del derecho de propiedad sobre bienes en razón de la ilicitud de origen o destinación. Al contrario, las acciones civiles se corresponden con las típicas acciones de "condena", donde se busca la indemnización por daños y perjuicios extracontractuales. Es más, si se concatena estos articulados frente al Código de Procedimiento Civil venezolano, encontraremos incoherencias con el régimen procesal civil, en específico, con la prohibición que entabla el artículo 16 *ejusdem* del instrumento legal adjetivo, que estatuye: "(...) Artículo 16. Para proponer la demanda el actor debe tener interés jurídico actual. Además de los casos previstos en la Ley, el interés puede estar limitado a la mera declaración de la existencia o inexistencia de un derecho o de una relación jurídica. No es admisible la demanda de mera declaración cuando el demandante puede obtener la satisfacción completa de su interés mediante acción diferente (...)" (subrayado nuestro).

nezuela busca culminarlo como una forma anómala de finalizar el proceso, a la que complica la utilización de las reglas del procedimiento civil ordinario del Código de Procedimiento Civil venezolano como "regulación" conforme en vez de hacer un llamamiento a la supletoriedad del mismo[236].

Somos de la tesis que el *Acuerdo de Lenidad*, al asumir la tesis del remedio procesal, sea incorporado dentro de las estrategias de política criminal donde más allá de las sanciones ejemplarizantes a la persona jurídica que delinque, es contemplar un horizonte de prevención permanente donde no existan justificativos para no combatir el denominado "defecto de organización".

Ahora bien, a pesar de las discusiones necesarias y los debates a nivel académico que deben efectuarse en Venezuela, lo indicado en el párrafo anterior nuevamente se ha visto torpedeado en razón de los problemas políticos presentes en el país. La Asamblea Nacional instalada desde 2016 y que "oficialmente" concluyó el mandato el pasado 10 de enero de 2021, fue cercada judicialmente por la SALA CONSTITUCIONAL DEL TRIBUNAL SUPREMO DE JUSTICIA, inclusive, declarándola en "desacato judicial" por incumplimiento de las decisiones dictadas por esta última en ejercicio abusivo de sus facultades constitucionales[237].

---

236 Indica la LEPAPC: **Artículo 86.-** Todo lo no previsto en la presente Ley, referente al procedimiento, se regulará conforme a lo establecido en el Código de Procedimiento Civil.

237 Sobre el particular, véase URBINA MENDOZA, E.J. "Las funciones de gobierno ejercidas por la jurisdicción constitucional: ¿Es aceptable una modificación de la teoría de separación de poderes por un Tribunal Constitucional? El caso de la Sala Constitucional del Tribunal Supremo de Justicia de Venezuela 2016-2018", *Estudios de Deusto,* Vol. 66, Nº 2, 2018, p. 461-497.

CONCLUSIONES

El presente estudio representa una revisión sumaria de los *Acuerdos de Lenidad* no desde su concepción exegética en la legislación brasilera que los ha contemplado, sino, su proyección como institución que ha servido para encarecer costos de corrupción y facilitar la adopción de programas de *compliance* para corregir la recurrente patología del defecto de organización. Como indicamos, metodológicamente no hicimos un estudio analítico del *Acuerdo de Lenidad* en Brasil puesto que pocos efectos prácticos tendría más allá de las fronteras de la nación carioca, donde el sistema de lucha contra la corrupción es atípico frente a las tradiciones latinoamericanas que se inclinan por la tradicional jurisdicción penal especializada.

En primer lugar, existe una *nueva realidad global*, centrada en los fenómenos que conlleva aparejada la globalización. Por ello, más que una globalización existen son "múltiples globalizaciones" que no sólo traen consigo factores positivos sino otros potencialmente peligrosos para la estabilidad de la sociedad planetaria. Estamos haciendo referencia al término de URLICH BECK con la sociedad del riesgo global. Dentro de las patologías de esta sociedad, tenemos la potencialización de la delincuencia económica 2.0, que no es más que la sobredimensión de una tipología de crímenes que se incrusta dentro del sistema económico global, mimetizándose con las actividades lucrativas lícitas.

En segundo lugar, esta criminalidad económica *ha verificado que la empresa criminal no paga*, es decir, sería una muestra burda y de supina estolidez, la constitución de compañías para delinquir. Por ello, termina penetrando en las empresas lícitas, usando el ecosistema empresarial para facilitar la obtención de fraudes y de esta manera pasar desapercibido al potenciar los *defectos de organización.* A ello debe sumársele que los propios defectos de organización son tan diversos como la tipología empresarial existente a lo largo de la geografía planetaria. Por tanto, la mejor política criminal interna de cualquier Estado es partir por investigar aquello que puede lucirnos más apegado al Derecho y a la propia ética.

En tercer lugar, internacionalmente se ha venido concibiendo instrumentos y demás documentos de carácter normativo para combatir la delincuencia económica 2.0, que incluyendo los clásicos convenios y tratados internacionales; se manifiestan en diferentes formas que pueden lucir inertes al principio si no conllevan el seguimiento escrupuloso de las acciones y demás ejecutorias de las autoridades competentes. Ejemplo de ello es la DECLARACIÓN DE BRASILIA SOBRE LA COOPERACIÓN JURÍDICA INTERNACIONAL CONTRA LA CORRUPCIÓN 2017, donde los Fiscales Suramericanos no sólo contemplaron el apoyo subcontinental para la investigación de la operación *Lava Jato,* sino que fueron más allá hasta el punto de construir una nueva teoría de validez documental, como son las declaraciones de los fiscales y sus efectos procesales como fuente jurídica.

En cuarto lugar, las soluciones dentro del sistema jurídico de un país, aplicando el principio de la plenitud hermética del Derecho, encuentran en la relectura "heterodoxa" de las instituciones una redimensión de las limitantes "ortodoxas" que las hace lucir insuficientes para resolver un problema estructural. Los *Acuerdos de Lenidad*, concebidos dentro del Derecho administrativo sancionatorio de Brasil, para universos reducidos de actuaciones denominadas "lesivas" contra la Administración Pública (brasilera o extranjera), es un ejemplo sobre cómo puede adquirir papeles más relevantes sin habérselo propuesto el legislador en su política criminal estatal.

En quinto lugar, la reinterpretación que facilitan la nueva dogmática penal, procesal penal y administrativa global, conscientes de las amenazas de la Sociedad del Riesgo, nos llevan forzosamente a introducir conceptos tales como *compliance*, responsabilidad penal de la persona jurídica, proceso penal diseñado para las personas jurídicas, medidas de corrección dentro del ciclo del fraude para prevención de riesgos, así como muchos otros analizados a lo largo del libro.

Por ello, no debe sorprender cómo muchas manifestaciones de nuevas instituciones concebidas para el combate contra la criminalidad económica 2.0, sean consecuencias de esas reinterpretaciones a la luz de nuevos conceptos teóricos. La clave que introduce la teoría del Derecho penal a dos velocidades es una respuesta que cubre tanto proteger el acervo garantista del Derecho penal clásico como el fundamento para la aplicación sobre las nuevas dimensiones de las sanciones, las cuales, necesariamente deben trascender a la privación de libertad de quien es responsable criminalmente hablando.

En sexto lugar, vista las soluciones que aportan el reenfoque "heterodoxo" formulado por la dogmática, urge una necesaria precisión conceptual de las instituciones aportadas en estas ópticas. En el caso de los *Acuerdos de Lenidad*, debemos tener un cuidado muy escrupuloso al momento de definirlos en determinados ordenamientos jurídicos. Por mucho que en la *Lei Anticorrupção* lo precise, una vez aplicado fuera de los ámbitos de la Administración Pública del Brasil o extranjera, debemos indicar sus nuevos rasgos definitorios para evitar que el *Acuerdo de Lenidad* se transforme en una suerte de "premio" otorgado a quien tenga la mayor capacidad patrimonial para salir airoso de un juicio penal.

En séptimo lugar, lo anterior nos impone el reto a quienes conformamos el sistema de justicia o de expertos en la materia de nuestros respectivos países, ir paulatinamente evaluando los impactos que estas instituciones, en particular los *Acuerdos de Lenidad*, influyan en el comportamiento empresarial nacional. No basta con diseñar un *Acuerdo de Lenidad* a la medida de las exigencias venezolanas, por dar un ejemplo, sino para cumplir a cabalidad el universo definitorio al que hicimos alusión en la sexta conclusión de cara a la misma dogmática global que facilitó su introducción en Venezuela. Una vez apropiado los *Acuerdos de Lenidad*, el concepto de soberanía nacional no puede impulsar bajo ningún motivo, una mixtificación de aquellos, pues, estaríamos en las puertas de un fraude tecnificado por el Estado.

En octavo lugar, es necesario que, a futuro los organismos internacionales a través de documentos suscritos por los Estados otorguen un tratamiento y forma específica sobre cómo deben proceder cada uno de dichos Estados cuando se suscriben textos de naturaleza retórica pero con impacto real en los procesos penales de nuestros países, tal como ocurrió con DECLARACIÓN DE BRASILIA SOBRE LA COOPERACIÓN JURÍDICA INTERNACIONAL CONTRA LA CORRUPCIÓN 2017. Esta última, lo que pudiera ser una clara muestra de armonización en la persecución de la criminalidad transfronteriza, terminó siendo un comodín para introducir al *Acuerdo de Lenidad* en países donde ni siquiera existen figuras conexas. La operación *Lava Jato* no sólo fue un ejemplo en la lucha contra la corrupción en Brasil y América Latina donde las ramificaciones de las empresas investigadas habían formulado estragos en los diferentes patrimonios públicos.

Lava Jato debe ser estudiada con mayor atención que la operada hasta el momento. Muchos de sus documentos e investigaciones resultaron más que persuasivas, generando una revolución en ciertos países que tradicionalmente se habían contentado con asumir cánones más apegados al Derecho penal clásico, donde la corrupción era enfrentada con visiones y conceptos claramente superados por la dogmática global, es decir, bajo el clásico esquema de "lógica adversarial".

En noveno lugar, en cuanto al destino de los *Acuerdos de Lenidad*, somos de la tesis que su asunción en países como Venezuela resultan imprescindibles a los fines de alinear dichos Estados con las corrientes globales. Si de verdad apostamos por enriquecer lo que implica una responsabilidad penal de las personas jurídicas, un sistema de complianza profundamente efectivo y unos controles fiscales más eficientes; entonces, debemos de una vez por todas alejarnos de los mitos y demás dogmas producto de la denominada jurisprudencia de intereses. Debemos recordar que la criminalidad económica 2.0, como actividad extremadamente racional, se sirve no de métodos contrarios a las leyes y el Derecho sino precisamente dentro de las permisiones y prohibiciones que ese bloque jurídico permite.

Por algo se dice que asumir con extremada seriedad el concepto de "costos de la corrupción" nos graficará exactamente lo que piensa el corruptor y de cómo se servirá del Derecho para facilitar la concreción de los Acuerdos Corruptos. Ahora bien, para apreciar la magnitud de éstos, necesitamos conocer todos los entresijos del ecosistema empresarial, siendo el *Acuerdo de Lenidad*, un instrumento que más que beneficiar a la compañía responsable penalmente, sea un documento de efectiva colaboración sin apelar a instituciones análogas del Derecho angloamericano como de suyo ocurre con las NPA/DPA.

En décimo lugar, no cabe lugar a dudas que el Acuerdo de Lenidad es un aporte original y genuinamente latinoamericano en este nuevo universo de batalla abierta contra la corrupción. Tan igual como lo es la extinción de dominio, son instituciones propias producto de nuestra respuesta como sociedades donde muchas veces el Estado formal se encuentra de espaldas a la realidad criminal. Así, es importante acercar nuevamente al Estado para que responda adecuadamente y logre cumplir sus finalidades de armonización social y corrección de aquellas patologías que son perniciosas para la sociedad.

De esta manera, consideramos urgente que los próximos programas de formación iberoamericanos de *compliance*, profundicen la experiencia positiva de instrumentos suramericanos como son los *Acuerdos de Lenidad* y la *Extinción de Dominio*. Sin ánimo de blasonar banderas continentales o consignas nacionalistas, es tiempo de oír las voces de expertos en nuestro sub-continente, a los fines de contribuir a una mejor radiografía de la nueva dogmática y escribir un mejor capítulo de eficiencia y eficacia contra las prácticas que pueden terminar por arruinar a la empresa y a la sociedad misma, cuando no, postrar definitivamente a los órganos y políticas de los Estados.

BIBLIOGRAFÍA

AGUADO CORREA, TERESA. "Comiso: crónica de una reforma anunciada. Análisis de la Propuesta de Directiva sobre embargo y decomiso de 2012 y del Proyecto de reforma del Código Penal de 2013", *InDret. Revista para el análisis del Derecho,* Nº 1, 2014.

AGUILÓ REGLA, JOSEP. *Teoría general de las fuentes del Derecho,* Ariel Editores (ISBN: 84-344-1643-3), Barcelona, 2000.

AGUIRRE BATES, K. "La responsabilidad penal de las empresas y de los delitos transnacionales: su combate a través de la jurisdicción universal", en: DONDÉ MATUTE, F.J. *Delitos Transnacionales,* Tirant lo Blanch, Ciudad de México, 2018, p. 40.

ALCARAZ, ENRIQUE, HUGHES, BRIAN y GÓMEZ, ADELINA. *El español jurídico,* Ariel (ISBN: 978-84-344-1872-1), Barcelona, 2014.

ANITUA, G.I. "La importación de mecanismos consensuales del proceso estadounidense, en las reformas procesales latinoamericanas", *Revista Brasileira de Direito Processual Penal,* Vol. 1, nº 1, 2015.

ARAGÓN GÓMEZ, C. y NIETO ROJAS, P. *Planes de igualdad en las empresas. Procedimientos de elaboración e implantación.* Wolters Kluwer. Madrid, 2021.

ARIAS RODRÍGUEZ, J.M. "Algunas reflexiones sobre la política anticorrupción en la Unión Europea", *Diario La Ley,* Nº 7989, 2012.

ARROYO ZAPATERO, L. y NIETO MARTÍN, A. *El Derecho Penal Económico en la era compliance.* Tirant Lo Blanch. Valencia, 2013.

ASAMBLEA NACIONAL DE LA REPÚBLICA BOLIVARIANA DE VENEZUELA. *Informe de la Comisión Mixta para el estudio de la crisis eléctrica Nacional.* Caracas, 2017.

_________. *Informe sobre el caso Odebrecht en Venezuela.* Comisión Permanente de Contraloría, Caracas, 2017.

_________. *Informe de gestión. Ejercicio legislativo 2017.* Comisión Permanente de Contraloría, Caracas, 2017.

ATHAYDE, A. *Manual dos acordos de leniência no Brasil: Teoria e práctica,* Fórum. Belo Horizonte, 2019.

AAVV. *Corrupción y urbanismo.* Universidad de Deusto, Cuadernos Penales José María Lidón, número 5. Bilbao, 2008.

BACIGALUPO, E. *Compliance y Derecho Penal,* Thomson-Reuters-Aranzadi, Pamplona, 2011.

BACIGALUPO, SILVINA. *La responsabilidad penal de las personas jurídicas,* Bosch Editorial, Madrid, 1998.

BAJO FERNÁNDEZ, M. FEIJOO SÁNCHEZ, B. y GÓMEZ-JARA DÍEZ, C. *Tratado de responsabilidad penal de las personas jurídicas. Adaptado a la Ley 1/2015, de 30 de marzo, por la que se modifica el Código Penal,* Editorial Civitas, Madrid, 201.

BARQUÍN SANZ, J. "Lenguaje y derecho: nota sobre el uso del idioma por los penalistas", *Revista de Derecho, Empresa y Sociedad (REDS),* Nº 13, 2018.

BAUMAN, ZYGMUNT. *La globalización. Consecuencias humanas*, Fondo de Cultura Económica, México DF, 1999.

BECK, URLICH. *La sociedad del riesgo global,* Siglo XXI (ISBN: 84-323-1083-2), Madrid, 2002.

_________. *¿Qué es la globalización? Falacias del globalismo, respuestas a la globalización,* Paidós, Barcelona, 1998.

BENITO SÁNCHEZ, D. "Soborno transnacional. Su tratamiento en el derecho penal español", *Iustitia,* Nº 12, 2014.

BERDUGO GÓMEZ DE LA TORRE, I. "El soborno internacional: Normas, obstáculos y propuestas", *Derecho & Sociedad,* Nº 52, 2019.

BERNALDO DE QUIRÓS, L. "Liberalización, desregulación y mercado", *Cuadernos de derecho judicial,* Nº 12, 2000.

BETTI, Emilio. *Teoria generale del negozio giuridico,* UTET, Torino, 1960.

BINDER, A. *Derecho procesal penal.* Editorial Ad-Hoc, Tomo I: Hermenéutica del proceso penal. Buenos Aires, 2013.

BLANCO CORDERO, ISIDORO. *La responsabilidad penal de las personas jurídicas: cuestiones de política criminal,* Apuntes del Módulo III, Parte I del programa Máster On line Iberoamericano en Compliance, Salamanca, 2020.

__________. "El debate en España sobre la necesidad de castigar penalmente el enriquecimiento ilícito de empleados públicos", *Revista Electrónica de Ciencia Penal y Criminología,* Nº 19-16, 2017.

BOEHM, F. y GRAF LAMBSDORFF, J. "Corrupción y anticorrupción: una perspectiva neo-institucional", *Revista de Economía Institucional,* Vol. II, Nº 21, 2009.

BREWER-CARÍAS, ALLAN R. *Contratos administrativos. Contratos públicos. Contratos de Estado.* Editorial Jurídica Venezolana, Caracas, 2021.

__________. *Transición hacia la democracia en Venezuela. Bases constitucionales y obstáculos usurpadores.* Iniciativa Democrática de España y las Américas (IDEA) - Editorial Jurídica Venezolana, Miami/Caracas, 2019.

__________. *Crónica constitucional de una Venezuela en las Tinieblas 2018-2019.* Biblioteca de Derecho Público-Ediciones Olejnik. Buenos Aires, Santiago de Chile, Madrid, 2019.

__________. *La inconstitucional convocatoria de una Asamblea Nacional Constituyente en fraude a la voluntad popular.* Colección Textos legislativos Nº 56 - Editorial Jurídica Venezolana. Caracas, 2017.

__________. *Tratado de Derecho Administrativo. Derecho Público en Iberoamérica,* Civitas-Thomson. Madrid, 2013.

BRÜNNER, JOSÉ JOAQUÍN. *Globalización y postmodernidad,* Fondo de Cultura Económica. México DF, 1998.

CAMPANELLI ESPÍNDOLA, M.J. "El derecho administrativo tradicional en el Estado posmoderno. Globalización, buena administración y supranacionalidad (el caso OCDE-Colombia)", *Revista Digital de Derecho Administrativo,* Nº 21, 2019.

CARRILLO DEL TESO, ANA. "El 'fundido a negro' de la prueba en la persecución de la delincuencia económica" RODRÍGUEZ-GARCÍA, N.; GONZÁLEZ-CASTELL, A.C. y RODRÍGUEZ-LÓPEZ, F. *Corrupción: Compliance, Represión y Recuperación de Activos,* Tirant lo Blanch. Valencia, 2019.

CASTELLS, MANUEL. *La era de la Información,* Editorial Alianza, Madrid, 2000.

CASTRO VALDIVIA, M. "Historia de la empresa y las tecnologías de la información y Comunicación", en *Innovación Docente e Investigación en Ciencias Sociales, Económicas y Jurídicas. Avanzado en el proceso de enseñanza-aprendizaje.* GÁZQUEZ LINARES, J.J. (Comp.) et al. Jaén, 2020, Universidad de Jaén.

CIGÜELA SOLA, J. *La culpabilidad colectiva en el Derecho penal. Crítica y propuesta de una responsabilidad estructural de la empresa,* Marcial Pons, Madrid, 2015.

CLIFT, J. "Más allá del Consenso de Washington", *Finanzas & Desarrollo,* Vol. 40, Nº 3, 2003.

COHEN, D. *Tres elecciones sobre la sociedad postindustrial,* Katz Editores, Madrid, 2007.

COHEN BENCHETRIT, A. *Derecho de sociedades y crisis de la empresa en tiempos de pandemia.* Comares, Granada, 2021.

CONILL, JESÚS. "Globalización y ética", *Razón y fe,* Tomo 243, Universidad de Comillas, Madrid, 2001.

Convenio de Nueva York, de las Naciones Unidas para la represión de la Financiación del Terrorismo, de fecha 9 de diciembre de 1999.

Convención de Palermo de las Naciones Unidas contra la Delincuencia Organizada Transnacional, de fecha 15 de noviembre de 2000.

Convención de las Naciones Unidas contra la Corrupción, de fecha 31 de octubre de 2003.

CUESTA FERNÁNDEZ, F. *La transformación empresarial como base de la competitividad: De la empresa tradicional a la empresa virtual.* Ediciones Pirámide, Madrid, 2004.

Declaración de Brasilia sobre la Cooperación Jurídica Internacional contra la Corrupción, Ministerios Públicos Fiscales de Latinoamérica. Brasilia, 16 de febrero de 2017. https://www.fiscalia.gov.co/colombia/wp-content/uploads/Acuerdo_Brasil.pdf

DE LA CUESTA ARZAMENDI, J.L. "Penas para las personas jurídicas en el Código Penal español", en *Tratado sobre compliance penal: Responsabilidad penal de las personas jurídicas y modelos de organización y gestión.* GÓMEZ COLOMER, J.L y MADRID BOQUÍN, CH. M.(coord.). Tirant Lo Blanch, Valencia, 2019.

DE SOUZA, R.M. "Personas jurídicas y corrupción: análisis comparado de su responsabilidad y de los sistemas de cumplimiento y colaboración en Alemania, España e Italia", en: *Decomiso y recuperación de activos, Crime doesn't pay.* Tirant Lo Blanch, Valencia, 2020.

DESPOTOPOULUS, C. "La notion de synalagma chez Aristote", *Archives de Philosophie du Droit,* Tomo XIII, 1968.

DÍAZ CABIALE, J.A. "El decomiso tras las reformas del Código Penal y la Ley de Enjuiciamiento Criminal de 2015", *Revista Electrónica de Ciencia Penal y Criminología,* Nº 18-10, 2016.

DÍAZ ROMERO, C. "Normativa internacional en la lucha contra el fraude y la corrupción: Metodología y herramientas", *Revista internacional de transparencia e integridad,* Nº 5, 2017.

Diccionario de la Lengua Española (DLE) https://dle.rae.es/lenidad?m=form

DO AMARAL MATOS, E. "Colaboração premiada: análise de sua utilização na Operação Lava Jato à luz verossimilhaça e da presunção de inocência", *Revista brasileira de ciências criminais,* N° 143, 2018.

DOS SANTOS GONÇALVES, L.C., "El Ministerio Público Brasileño y el combate a la corrupción", *Revista de la Facultad de Derecho de México,* Vol. 68, N° 272, 2018.

FEIJOO SÁNCHEZ, B. "¿Culpabilidad y punición de personas jurídicas?", en: *El funcionalismo en Derecho Penal. Libro Homenaje al Profesor Günther Jakobs,* Universidad Externado de Colombia, Bogotá, 2003.

FERNÁNDEZ-ARMESTO, JUAN. "La globalización, un fenómeno a gobernar", *Razón y fe,* Tomo 238, Universidad de Comillas, Madrid, 1998.

FERNÁNDEZ AJENJO, JOSÉ A. "Estatus axiológico de la directiva de protección al denunciante", *Revista Administración & Ciudadanía EGAP,* Vol. 15, N° 1, 2020.

__________. *Tema 1. Compliance, medidas antifraude y evaluación de riesgo en el sector público,* Apuntes del Módulo VIII, Parte III del programa Máster On line Iberoamericano en Compliance, Salamanca, 2020.

__________. "Problemas y soluciones frente al uso populista del estado de Derecho: Agencias anticorrupción y servicios de coordinación antifraude", *Revista Internacional Transparencia e Integridad,* N° 9, enero-abril, 2019, p. 1.

__________. "Problemas y soluciones frente al uso populista del Estado de Derecho: agencias anticorrupción y servicios de coordinación antifraude. Comunicación Sección 1 Estado de Derecho: Defensa frente al populismo y la corrupción", *Memorias del X Congreso de las Academias Jurídicas de Iberoamérica,* 2018.

_________. "La gobernanza y la prevención de la corrupción como factores de desarrollo económico y social", en: *Corrupción y desarrollo,* RODRÍGUEZ-GARCÍA, N. y RODRÍGUEZ-LÓPEZ, F. (Edit.). Tirant lo Blanch, Valencia, 2017.

_________. "El control interno y el control externo en la lucha contra la corrupción: su nuevo papel en el entorno de la gobernanza y la accountability", *Cuenta con IGAE,* Nº 27, diciembre 2011.

FERNÁNDEZ DÍAZ, A. "Nuevas aportaciones a la economía de la corrupción", *Revista española de control externo,* Vol. 12, Nº 36, 2010.

FERRAJOLI, LUIGI. *Poderes salvajes. La crisis de la democracia constitucional,* Trotta, Madrid, 2011.

FOURASTIE, JEAN. *Les Trente Glorieuses, ou la révolution invisible de 1946 à 1975,* Fayard, París, 1979.

FRIDRICZEWSKI, VANIR. "Acuerdos de lenidad en Brasil: una herramienta eficaz para la recuperación de activos de la corrupción", en: *Compliance y justicia colaborativa en la prevención de la corrupción,* Tirant lo Blanch, Valencia, 2020.

_________. *Guión para estudio,* Apuntes del Módulo XII (Compliance Corporativo y lenidad) del programa Máster On line Iberoamericano en Compliance, Salamanca, 2020.

_________. "Represión de la corrupción y recuperación de activos en Brasil: dilemas y retos", en: BERDUGO GÓMEZ DE LA TORRE, IGNACIO; FABIÁN CAPARRÓS, EDUARDO y RODRÍGUEZ-GARCÍA, NICOLÁS, *Recuperación de activos y decomiso: reflexiones desde los sistemas penales iberoamericanos,* Tirant lo Blanch, Valencia, 2017.

GARCÍA DE ENTERRÍA, EDUARDO. *Reflexiones sobre la ley y los principios generales del Derecho,* Editorial Civitas, Madrid, 1984.

GARCÍA FIGUEROA, A.J. *Neoconstitucionalismo y ponderación,* en: *Ponderación y derecho administrativo,* Marcial Pons, Madrid, 2009.

GARCÍA RUÍZ, J.L. *Historia económica de la empresa moderna,* Istmo, Madrid, 1994.

GASCÓN INCHAUSTI, F. *Proceso penal y persona jurídica.* Marcial Pons, Madrid, 2012.

GEVAERT, JOSÉ. *El problema del Hombre,* Ediciones Sígueme, Salamanca, 1987.

GIDDENS, ANTHONY. *Un mundo desbocado. Los efectos de la globalización en nuestras vidas*, Editorial Taurus, Madrid, 2000.

__________. *Consecuencias de la modernidad,* Madrid, 1997, Editorial Alianza.

GIMENO SENDRA, VICENTE. *Derecho Procesal penal.* Aranzadi-Civitas, Navarra, 2012.

GIMENO SENDRA, VICENTE. y DÍAZ MARTÍNEZ, M. *Manual de Derecho Procesal Penal,* El Español, Madrid, 2018.

GIMENO SENDRA, VICENTE y REGUEIRO GARCÍA, M.T. (Coord.). *Nuevas tendencias en la interpretación de los derechos fundamentales,* Universitas, Madrid, 2015.

GOBIERNO DE ESPAÑA/MINISTERIO DE JUSTICIA, *Convenio de la OCDE de lucha contra la corrupción de agentes públicos extranjeros en las transacciones comerciales internacionales - Información para las empresas españolas con actividades en el extranjero.* Madrid, 2019.

GÓMEZ AVILÉS-CASCO, F. "El papel de la empresa en la internacionalización de la economía española", *Información Comercial Española, ICE: Revista de economía,* Nº 826, 2005.

GOMEZ CANOTILHO, J.J. y BRANDÃO, N. "Colaboração premiada: reflexões críticas sobre os acordos fundantes da operação lava jato", *Revista brasileira de ciências criminais,* Nº 133, 2017.

GONZÁLEZ SIERRA, P. *La imputación penal de las personas jurídicas. Análisis del art. 31 bis CP,* Tirant Lo Blanch, Valencia, 2014.

GONZÁLEZ DA SILVA, G. "Consideraciones sobre la operación 'lava jato': régimen legal del arrepentido, prisión preventiva e 'impeachment' en el Brasil", *Revista de derecho Penal y Criminología,* Nº 5, 2016.

HAN CHEN, PABLO LEONTE. "Algunas reflexiones sobre la reforma al Código Orgánico Procesal Penal Venezolano", *Capítulo Criminológico,* Nº 29, Universidad del Zulia, Maracaibo, junio 2001.

HELD, DAVID. y MCGREW, Anthony. *Globalización/Antiglobalización. Sobre la reconstrucción del orden mundial*, Editorial Paidós, Barcelona, 2003.

INSTITUTO DE AUDITORES INTERNOS DE ESPAÑA. *Aplicación del Marco Integrado de Control Interno (COSO) en el Sector Público español.* Instituto de Auditores Internos de España, Madrid, 2016.

__________. *Gestión del Riesgo de Fraude: Prevención, Detección e Investigación*, La Fábrica del Pensamiento-Instituto de Auditores Internos de España, Madrid, 2015.

JIMÉNEZ DE ASÚA, LUIS. *La recompensa como prevención general. El Derecho premial.* Hijos de Reus Editores, Madrid, 1915.

JIMÉNEZ SÁNCHEZ, FERNANDO, *El olvido de los determinantes socio-políticos de la corrupción y el fracaso de las reformas anticorrupción,* material de clases, Máster Iberoamericano de políticas anticorrupción, Salamanca, 2019.

JIMÉNEZ TAPIA, R.S. y URBINA MENDOZA, E.J. *El comiso autónomo y la extinción de dominio en la lucha contra la corrupción,* Editorial Jurídica Venezolana - Instituto de Investigaciones Jurídicas de la Universidad Católica Andrés Bello, Caracas, 2020.

JOPPERT RAGAZZO, C.E. "Compliance concurrencial: relação de custos e benefícios pós Lava-jato", *Quaestio Iuris,* Vol. 11, Nº 2, 2018.

KUWAHARA, S. "Discursos sobre a colaboração premiada na imprensa escrita e seu impacto na política brasileira: Operação Lava-Jato pré e pós campanha eleitoral", *Revista de Estudios Brasileños,* Vol. 5, Nº 10, 2018.

LARES MARTÍNEZ, ELOY. *Manual de Derecho Administrativo.* Universidad Central de Venezuela, Caracas, 2001.

Ley 12.846/2013 *Lei Anticorrupçâo* (Ley Anticorrupción de Brasil o también denominada *The Brasilian Clean Company Act*), publicada en el Diário Oficial da União (D.O.U.) de fecha 1 de agosto de 2013.

Ley de Prácticas Corruptas en el Extranjero (*Foreign Corrupt Practices Act*), http://usinfo.state.gov/esp/Archive_Index/Ley_de_Prcticas_Corruptas_e n_el_Extranjero.html

LOZANO I SOLER, J.M. *La empresa ciudadana como empresa responsable y sostenida.* Trotta, Madrid, 2009.

LLOREDO ALIX, L.M. "Rudolf von Jhering: nuestra tarea (1857). En torno a la jurisprudencia de conceptos: surgimiento, auge y declive", *Eunomía: Revista en Cultura de la Legalidad,* N° 4, 2013.

LUHMANN, NIKLAS. *La ciencia de la sociedad,* Anthropos, Barcelona, 1996.

LUIZ DE ALMEIDA MENDOÇA, A., ESTELLA NAGLE, L. y RODRÍGUEZ-GARCÍA, N. *Negociación en casos de corrupción: Fundamentos teóricos y prácticos,* Tirant Lo Blanch, Valencia, 2018.

MACHADO DE SOUZA, RENATO. "La colaboración de personas jurídicas como herramienta de recuperación de activos procedentes de la corrupción: el paradigma Estados Unidos y Brasil, en: RODRÍGUEZ-GARCÍA, NICOLÁS y RODRÍGUEZ-LÓPEZ, FERNANDO (Dir.) *Compliance y justicia colaborativa en la prevención de la corrupción,* Tirant lo Blanch, Valencia, 2020.

MAGALHÃES BARROS BOLZAN DE MORAIS, F. y VILLANI BONACCORSI, D. "A colaboração por meio do acordo de leniência e seus impactos junto ao Processo Penal Brasileiro: um estudo a partir da "Operação Lava Jato", *Revista Brasileira de ciências criminais,* N° 122, 2016.

MANTILLA VALBUENA, S.C. "Más allá del discurso hegemónico: narcotráfico, terrorismo y narcoterrorismo en la era del miedo y la seguridad global", *Papel político,* N° 1, Vol. 13, 2007.

MARCH POQUET, J.M. "Economía Pública y corrupción. Una ordenación de las propuestas anticorrupción", *Revista de Economía Pública, Social y Cooperativa,* N° 91, 2017.

MARRARA THIAGO. "Acordo da leniência na Lei Anticorrupção", *Revista Digital de Direito,* Vol. 6, N° 2, 2019.

MARTÍN MATEO, RAMÓN. *La gallina de los huevos de cemento.* Thomson-Civitas, Madrid, 2007.

MASSINI, CARLOS IGNACIO. *La desintegración del pensar jurídico en la edad moderna,* Editorial Abeledo-Perrot, Buenos Aires, 1980.

MAYAUDÓN, JULIO ELÍAS. "Comentarios a la reforma de la Fiscalía General de la República al Código Orgánico Procesal Penal y su adecuación a la Constitución Nacional", *Relación Criminológica,* n° 8, Universidad de Carabobo, Valencia, 2000, (Venezuela).

MENDOZA CALDERÓN S., "Capítulo IV. Criminalidad organizada económica y aplicación del principio ne bis in idem en la Unión Europea", en: *Cooperación judicial penal en la Unión Europea. Reflexiones sobre algunos aspectos de la investigación y el enjuiciamiento en el espacio europeo de justicia penal*, GONZÁLEZ CANO, MA. I. (Coord.) Tirant Lo Blanch, Valencia, 2016. Hemos consultado esta obra bajo el Documento TOL5.973.455 del programa de Compliance Internacional, 2020.

MERKL, ADOLF. *Teoría general del derecho administrativo,* Editorial Revista de Derecho Privado, Madrid, 1953.

MERQUIOR, GUILLERME. *Liberalismo viejo y nuevo.* Fondo de Cultura Económica, México, D.F., 1993.

MESSINEO, FRANCESCO. *Doctrina General el Contrato*, Ediciones EJEA, Buenos Aires, 1962.

MILL, JOHN STUART. *El utilitarismo.* Editorial Alianza. Madrid, 1960.

MIRANDA DA SILVA FILHO, A. "Populismo penal y blanqueo de capitales: expansión legislativa y recrudecimiento jurisprudencial en la era de los juicios mediáticos", en: *Problemas y retos actuales del Derecho penal económico.* Ediciones de la Universidad Castilla-La Mancha, Cuenca, 2020.

MONTERO AROCA, J. *Principios del proceso penal. Una explicación basada en la razón.* Tirant Lo Blanch, Valencia, 1997.

MONTERO AROCA, JUAN, GÓMEZ COLOMER, JUAN LUIS y BARONA VILLA, SILVIA. *Derecho jurisdiccional I, parte general,* Tirant lo Blanch, Valencia, 2019. (ISBN: 9788413139210).

MORAL SORIANO, LEONOR. *El precedente judicial.* Marcial Pons, Madrid, 2002.

MORENO CATENA, VICTOR M. "Sobre la presunción de inocencia", en *El proceso penal en la encrucijada: homenaje al Dr. César Crisóstomo Barrientos Pellecer,* Universitat Jaume I, Barcelona, 2015.

MORENO BRANDT, CARLOS. "El procedimiento en la Ley contra la Corrupción", en *Comentarios a la Ley contra la Corrupción,* Vadell Hermanos Editores, Caracas-Valencia, 2008.

MUÑOZ, A.G. "Compliance penal ante la corrupción: luces y sombras", en: *Compliance y prevención de delitos de corrupción,* Valencia, 2018, Tirant Lo Blanch.

NAGLE, L.E. y MACHADO DE SOUZA, RENATO. *Tratado Anglo-Iberoamericano en Compliance Penal - Estados Unidos,* Tirant Lo Blanch (en imprenta), Valencia, 2020.

NAÍM, MOISÉS. "¿Qué son los ciberataques Ransomware y por qué están en auge?, Video de YouTube, 22:02, Canal: *EfectoNaím* Publicado el 12 de septiembre de 2021 https://www.youtube.com/watch?v =AIAnN_YRsBg

__________. *Ilícito: cómo el contrabando, los narcotraficantes y la piratería desafían la economía global.* Editorial Debate, Madrid, 2006.

NEIRA PENA, ANA. M. *Los privilegios del delincuente de cuello blanco en el proceso penal,* en RODRÍGUEZ-GARCÍA, N.; GONZÁLEZ-CASTELL, A.C. y RODRÍGUEZ-LÓPEZ, F. *Corrupción: Compliance, Represión y Recuperación de Activos,* Tirant lo Blanch, Valencia, 2019.

__________. *La persona jurídica como parte pasiva del proceso penal.* Universidad da Coruña. Tesis doctoral consultada en Original. La Coruña, 2015.

NIETO GARCÍA, ALEJANDRO. "El principio "non bis in ídem", *Anuario de jornadas 1989-1990,* Instituto Vasco de Administración Pública (IVAP). Guernica, 1991.

NIETO MARTÍN, ADÁN. *Manual de Cumplimiento penal en la empresa.* Tirant Lo Blanch, Valencia, 2015. Hemos consultado esta obra bajo el Documento TOL4.678.308 del programa de Compliance Internacional, 2020.

__________. (Dir.) *Manual de cumplimiento penal en la empresa,* Tirant Lo Blanch, Valencia, 2015.

__________. "¿Americanización o europeización del Derecho Penal económico?, *Revista Penal,* N° 19, 2007.

NIEVA FENOLL, JORDI. *Fundamentos de Derecho Procesal Penal,* Edisofer, Madrid, 2012.

OECD. *Resolving Foreign Bribery Cases with Non-Trial Resolutions: Settlements and Non-Trial Agreement by Parties to the Anti-Bribery Convention.* 2019, en: www.oecd.org/corruption/Resolving-Foreign-Bribery-Cases-with-Non-Trial-Resolutions.htm

OECD. *Using leniency to fight hard core cartels.* En: https://www.oecd.org/daf/ca/1890449.pdf

OFICINA DE LAS NACIONES UNIDAS CONTRA LA DROGA Y EL DELITO. *Acción mundial contra la Corrupción. Los documentos de Mérida,* Naciones Unidas, Viena, 2005.

ONTIVEROS ALONSO, MANUEL. "Noncompliance", en: RODRÍGUEZ-GARCÍA, N. y RODRÍGUEZ-LÓPEZ, F. (Dir.). *Compliance y justicia colaborativa en la prevención de la corrupción,* Tirant Lo Blanch, Valencia, 2020.

_________. *La responsabilidad penal de las personas jurídicas,* Tirant Lo Blanch, Valencia, 2014.

ORSI, O.G y RODRÍGUEZ GARCÍA, N. "Las investigaciones defensivas en el compliance penal corporativo" en *Compliance y responsabilidad de las personas jurídicas,* RODRÍGUEZ-GARCÍA, N. y RODRÍGUEZ LÓPEZ, F. (Edit.). Tirant Lo Blanch, Valencia, 2021.

ORTÍZ PRADILLO, J.C. "Compliance y clemencia en el proceso penal de la persona jurídica investigada", RODRÍGUEZ-GARCÍA, N.; GONZÁLEZ-CASTELL, A.C. y RODRÍGUEZ-LÓPEZ, F. *Corrupción: Compliance, Represión y Recuperación de Activos,* Tirant Lo Blanch, Valencia, 2019.

_________. *Los delatores en el proceso penal. Recompensas, anonimato, protección y otras medidas para incentivar una "colaboración eficaz" con la Justicia.* Wolters Kluber, Madrid, 2018.

_________. "La delación premiada en España: instrumentos para el fomento de la colaboración con la justicia", *Revista Brasileira de Direito Processual Penal,* Vol. 3, Nº 1, 2017.

_________. "El difícil encaje del delator en el proceso penal", *Diario La Ley,* Nº 8560, 2015.

ORTIZ PRADILLO, J.C. y MARCHENA GÓMEZ, M. *Los delatores en el proceso penal: recompensas, anonimato, protección y otras medidas para incentivar una colaboración eficaz con la Justicia.* Wolters Kluwer, Madrid, 2018.

PALOMINO SEGURA, J. "Las investigaciones internas corporativas", en *Derecho Penal 2020,* Ortega Burgos, E. et. al. (Coord.) Tirant Lo Blanch, Valencia, 2020. Hemos consultado esta obra bajo el Documento TOL7.934.920 del programa de Compliance Internacional, 2020.

PAREDES CASTAÑÓN, JOSÉ MANUEL. *El riesgo permitido en el Derecho penal. (Régimen jurídico-penal de las actividades peligrosas).* Ministerio de Justicia e Interior. Centro de Publicaciones. Madrid, 1995.

PARICIO SERRANO, F.J. "El Ius publice respondendi ex auctoritates principis" en: *Poder político y Derecho en la Roma clásica.* PARICIO SERRANO, F.J (Coord.), Ediciones de la Universidad Complutense de Madrid, Madrid, 1996.

PÉREZ GOROSTEGUI, E. *Curso de economía de la empresa: introducción.* Centro de Estudios Ramón Areces. Madrid, 2017.

PÉREZ LUCIANI, GONZALO. *Los derechos y garantías constitucionales y la Ley Orgánica de Salvaguarda del Patrimonio Público,* en: AAVV. *Archivo de Derecho Público y Ciencias de la Administración. Régimen Jurídico de Salvaguarda del Patrimonio Público,* Instituto de Derecho Público de la Facultad de Derecho de la Universidad Central de Venezuela, Vol. VI, Caracas, 1985.

PÉREZ SARMIENTO, ERIC L. *Manual de Derecho Procesal Penal,* Vadell Hermanos Editores, Caracas-Valencia, 2011.

PIOVESAN, F.; DIAS RODRIGUES, A.; OLMOS, E.A.; FERNANDES DE LIMA LIRA, L. y MESQUITA NUNES, T. "La corrupción y los derechos humanos en Brasil", TABLANTE, C. y MORALES ANTONIAZZI, M. (Edit.) *El impacto de la corrupción en los derechos humanos,* Instituto de Estudios Constitucionales del Estado de Querétaro, México, 2018.

PONT VIDAL, J. "La operación 'Lava Jato' y el proceso político en Brasil ¿Lucha contra la corrupción o interferencias sistémicas?, *Revista Mexicana de Análisis Político y Administración Pública,* Vol. 9, Nº 1, 2020.

PROCURADURÍA GENERAL DEL ESTADO-BASEL INSTITUTE ON GOVERNANCE, *Compendio de Jurisprudencia de extinción de dominio,* Lima, 2021.

PUCHETA, HORACIO. "Acuerdos trabaron investigaciones en la operación Lava Jato" [Consulta: 27 de febrero de 2021] [en: http://www.mercosurradio.com.ar/joomla/index.php?option=com_content&view=article&id=16001:mercosur-politica&catid=1:latest-news&Itemid=50]

QUINTERO OLIVARES, G. "La llamada privatización del derecho penal", *Revista de derecho y proceso penal,* N° 6, 2001.

RIVERA MORALES, RODRIGO. *Código Orgánico Procesal Penal. Comentado y concordado con el COOP, la Constitución y otras Leyes.* Jurídicas Rincón, Barquisimeto, 2013.

__________. *Las pruebas en el derecho venezolano,* Editorial Jurídica Santana-Universidad Católica del Táchira, San Cristóbal, 2004.

ROBERTSON, ROLAND. *Globalisation or Glocalisation?.* En: ROBERTSON, ROLAND y WHITE, KATHLEEN. *Globalisation. Critical concepts in Sociology*, Routledge, Londres, 2003.

ROCA SASTRE, R.M. y PUIG BRUTAU, J. *Estudios de Derecho Privado. Obligaciones y Contratos,* Aranzadi/Thomson Reuters, Madrid, 2009.

RODRÍGUEZ AGUILERA, C. *El lenguaje jurídico,* Editorial Bosch, Barcelona, 1969.

RODRÍGUEZ CAMPUZANO, A. "Los Acuerdos Probatorios como Mecanismo de Despresurización de la Controversia y su Impacto en la Etapa de Juicio Oral", *Nova Iustitia - Revista Digital de la Reforma Penal,* N° 17, 2016.

RODRIGUES DA SILVA, M. "A colaboração premiada como terceira via do direito penal no enfrentamento à corrupção administrativa organizada", *Revista Brasileira de Direito Processual Penal,* Vol. 3, N° 1, 2017.

RODRÍGUEZ GARCÍA, NICOLÁS. "Decomisa que algo queda como estrategia dominante e influyente en los sistemas penales para poner freno a la sociedad incivil", *en: Derecho y proceso: Liber Amicorum del profesor Francisco Ramos Méndez,* Atelier, Vol III. Barcelona, 2018, p. 2170.

__________. "La conformidad en el proceso penal de las personas jurídicas", en *Proceso penal y responsabilidad penal de personas jurídicas.* NEIRA PENA, A. y PÉREZ-CRUZ MARTÍN, A.J. (Coord.) Aranzadi-Thomson, Pamplona, 2017.

__________. "Uso y abuso del principio de oportunidad en el proceso penal del siglo XXI", en *Política criminal ante el reto de la delincuencia transnacional.* Pérez Cepeda, A.I. (Dir.) Valencia, 2016, Universidad de Salamanca-Tirant Lo Blanch.

__________. "Adecuación del proceso penal español a la fijación legal de la responsabilidad criminal de las personas jurídicas", *Revista Penal,* Nº 35, 2015.

__________. "La corrupción de funcionario público extranjero en el derecho penal chileno a la luz del Convenio de la OCDE de 1997: aspectos procesales", en *Chile en el club de los países desarrollados,* CHEYRE, J.E., OLIVARES TRAMÓN, J.M. y RODRÍGUEZ GARCÍA, N. (Coord.). Ediciones de la Pontificia Universidad Católica de Chile, Santiago de Chile, 2010.

__________. "El 'derecho premial' como remedio para lograr que la justicia penal española sea eficaz", en *La influencia de la ciencia penal alemana en Iberoamérica: en homenaje a Claus Roxín.* ONTIVEROS ALONSO, M. y PELÁEZ, M. (Coord.), Instituto Nacional de Ciencias Penales, México D.F., 2003.

RODRÍGUEZ GARCÍA, NICOLÁS. y MACHADO DE SOUZA, RENATO. "El 'Acuerdo de lenidad' como mecanismo privilegiado para combatir y prevenir actos de corrupción en Brasil", *Compliance, represión y recuperación de activos,* RODRÍGUEZ GARCÍA N., GONZÁLEZ-CASTELL, A.C. y RODRÍGUEZ-LÓPEZ, F. (Edit.), Tirant Lo Blanch, Valencia, 2019.

RODRÍGUEZ DE SANTIAGO, JOSÉ MARÍA. *La ponderación de bienes e intereses en el derecho administrativo,* Marcial Pons (ISBN: 84-7248-756-3), Madrid, 2000.

RODRÍGUEZ LÓPEZ, FERNANDO. *Análisis económico de la corrupción,* Salamanca, 2019, documentación aportada para el Bloque II, Unidad 1 del máster iberoamericano de políticas anticorrupción.

RODRÍGUEZ MORALES, ALEJANDRO J. "Aspectos fundamentales del nuevo Código Orgánico Procesal Penal", *Revista de la Facultad de Ciencias Jurídicas y Políticas de la Universidad Central de Venezuela,* Nº 116, UCV, Caracas, 2000.

ROSE-ACKERMAN, SUSAN. "The law economics of bribery and extortion", *Annual review of law and social science,* Vol. 6, 2010.

RUÍZ, IVÁN. "Caso Odebrecht: se complicó el acuerdo de cooperación con Brasil", en *Diario La Nación,* Buenos Aires, edición de fecha 3 de junio de 2017 [Consulta: 20 de febrero 2021] [En: https://www.lanacion.com.ar/politica/caso-odebrecht-se-complico-el-acuerdo-de-cooperacion-con-brasil-nid2030096/]

SALAS, DENIS. *La volonté de punir. Essai sur le populisme penal.* Hachette, París, 2005.

SALINAS BURGOS, H. "El principio de jurisdicción internacional: ¿Lex data o Lex desiderata?, *Revista Chilena de Derecho,* Vol. 34, Nº 1, 2007.

SALINAS JIMÉNEZ M. DEL MAR y SALINAS JIMÉNEZ, J. "Corrupción y actividad económica: una visión panorámica", *Hacienda Pública Española/Revista de Economía Pública,* Nº 180, 2007.

SÁNCHEZ, A. *Jurisdicción universal Penal y Derecho Internacional,* Tirant Lo Blanch, Valencia, 2004. GÓMEZ ISA, F. (Coord.), ENCISO SANTOCILDES, M (Cood.) y EMALDI CIRIÓN, A. (Coord.) *Globalización y derecho. Desafíos y tendencias,* Universidad de Deusto, Bilbao, 2013.

SÁNCHEZ GARCÍA DE LA PAZ, ISABEL. "El coimputado que colabora con la justicia penal", *Anuario de la Facultad de Derecho de Ourense,* Nº 1, 2005.

SÁNCHEZ GASCÓN, A. *Duplicidad de sanciones: ("non bis in idem"),* ExLibris, Madrid, 2004.

SÁNCHEZ-MACÍAS, J.I. *Introducción al compliance y a los modelos de Gobierno, Riesgo y Cumplimiento (GRC),* Salamanca, 2020, Apuntes del Módulo II, Parte I del programa Máster On line Iberoamericano en Compliance.

SANGUINÉ, O. "Derechos fundamentales de las personas jurídicas en el proceso penal", en *La responsabilidad penal de las personas jurídicas. Fortalezas, debilidades y perspectivas de cara al futuro.* ONTIVEROS ALONSO, M. (Coord.). Tirant Lo Blanch, Valencia, 2014.

SANTANDER ABRIL, GILMAR. *La emancipación del comiso del proceso penal: su evolución hacia la extinción de dominio y otras formas de comiso ampliado,* En: AAVV. *Combate del Lavado de Activos desde el Sistema Judicial,* Ediciones de la Organización de Estados Americanos (OEA) - Departamento contra la Delincuencia Organizada Trasnacional, 5ta edición, Washington D.C., 2017.

SANTORO-PASARELLI, *Doctrinas Generales del Derecho Civil,* Editorial Revista de Derecho Privado, Madrid, 1964.

SARASQUETA, ANTXÓN. *Una visión global de la globalización,* Eunsa, Pamplona, 2003.

SARMIENTO, D. *El Soft Law administrativo. Un estudio de los efectos jurídicos de las normas no vinculantes de la Administración,* Ediciones Thomson-Civitas, Madrid, 2008.

SCHWAB, KLAUS. *The fourth industrial revolution,* World Economic Forum, Ginebra, 2016.

SEBRELI, JUAN JOSÉ. "Globalidad y localismos, dos mitos hoy", *Cuadernos Hispanoamericanos,* N° 612, Agencia Española de Cooperación Internacional, Madrid, 2001.

SERVIN, ANDRÉS. "Globalización y sociedad civil en los procesos de integración", *Nueva Sociedad,* Universidad Central de Venezuela, N° 147, Caracas, 1997.

SILVA SÁNCHEZ, J.M. "La eximente de 'modelos de prevención de delitos'. Fundamento y bases para una dogmática", en: *Estudios de Derecho Penal: homenaje al profesor Miguel Bajo.* BACIGALUPO, S., FEIJOO SÁNCHEZ, B.J y ECHANO BASALDUA, J.I. (Coord.). Editorial Universitaria Ramón Areces, Madrid, 2016.

_________. *La expansión del Derecho penal. Aspectos de la Política criminal en las sociedades postindustriales,* Euro Editores, Buenos Aires, 2011.

_________. "La evolución ideológica de la discusión sobre la responsabilidad penal de las personas jurídicas", *Derecho Penal y Criminología,* 29, Nº 86-87, 2008.

SILVA SÁNCHEZ, J.M. (Dir.) ROBLES PLANAS, R. (Coord.), *Lecciones de Derecho penal económico y de la Empresa. Parte General y Especial,* Atelier, Barcelona, 2020.

SOROS, GEORGE. *Globalización,* Editorial Planeta, Barcelona, 2002.

SOROS, G. y WOLF, M. *La globalización liberal. A favor y en contra,* Editorial Anagrama, Barcelona, 2002.

SYKES GRESHAM, M. y MATZA, D. "Técnicas de Neutralización: una teoría de la delincuencia", *Delito y Sociedad. Revista de Ciencias Sociales,* Vol 1, Nº 20, 2004.

TABLANTE, C. y MORALES, M. *Impacto de la corrupción de los derechos humanos,* Instituto de Estudios Constitucionales de Querétaro, México, 2018.

TANZI, VITO. "Corruption around the world. Causes, consequences, scope and cures", *International Monetary Fund Staff papers,* Nº 4, Vol. 45, 1998.

TOURAINE, ALAIN. *La sociedad postindustrial,* Ariel, Barcelona, 1969.

TRANSPARENCY INTERNATIONAL. *Guía de lenguaje claro sobre lucha contra la corrupción.* 2009, puede consultarse la edición en español en: https://transparencia.org.es/wp-content/uploads/2014/10/Gu%C3%ADa-de-lenguaje-claro-sobre-lucha-contra-la-corrupción.pdf

TRANSPARENCIA VENEZUELA. *La Gran corrupción y los derechos humanos en Venezuela,* Caracas, 2018 [https://transparencia.org.ve/?s=gran+corrupcion].

__________. *Informe Corrupción 2018.* Caracas, 2018 [en línea].

__________. *Odebrecht en Venezuela.* Caracas, julio de 2017 [en línea].

TRIBUNAL SUPREMO DE JUSTICIA DE VENEZUELA/SALA CONSTITUCIONAL, fuente en línea en www.tsj.gob.ve

TROCONIS, MOISÉS. "A propósito de la propuesta de reforma del Código Orgánico Procesal Penal", *Revista de Derecho Constitucional,* N° 2, 2000, Caracas.

TURIENZO FERNÁNDEZ, A. "¿Oportunidad procesal en las causas penales seguidas contra personas jurídicas? Una reflexión a la luz de la práctica de los NPAs y DPAs en Estados Unidos", *InDret*, N° 2, 2020.

URBINA MENDOZA, EMILIO J. "Las funciones de gobierno ejercidas por la jurisdicción constitucional: ¿Es aceptable una modificación de la teoría de separación de poderes por un Tribunal Constitucional? El caso de la Sala Constitucional del Tribunal Supremo de Justicia de Venezuela 2016-2018", *Estudios de Deusto,* Vol. 66, N° 2, 2018, p. 461-497.

USLANER, E. M. "Confianza y corrupción: sus repercusiones en la pobreza". En: *Capital social y reducción de la pobreza en América Latina y el Caribe: en busca de un nuevo paradigma,* CEPAL, Santiago de Chile, 2003.

VALERO Y VICENTE, A. - LUCAS TOMÁS, J.L. *Política de empresa: el gobierno de la empresa de negocios.* Eunsa, Pamplona, 2005.

VARGAS, EDMUNDO. "La lucha contra la corrupción en la agenda regional e internacional. Las convenciones de la OEA y ONU", *Nueva Sociedad,* Nº 194, Universidad Central de Venezuela (ISSN: 0251-3552). Caracas, 2004.

VÁSQUEZ, MAGALY. *Nuevo derecho procesal penal venezolano: las instituciones básicas del Código Orgánico Procesal Penal,* Universidad Católica Andrés Bello. Caracas, 1999.

VÁZQUEZ-PORTOMEÑE SEIJAS, FERNANDO. *La lucha contra la corrupción en la agenda internacional: algunas reflexiones sobre el ámbito y contenidos de la Convención de las Naciones Unidas contra la Corrupción.* En: AAVV. *Represión penal y estado de derecho: homenaje al profesor Gonzalo Quintero Olivares,* Aranzadi, Pamplona, 2018.

VIERA DA SILVA, A. y MÉRIDA, C. "Provas obtidas por cooperação internacional no combate às organizações criminosas: procedimiento, formas e a receptividade no processo penal brasileiro", *Cadernos de dereito actual,* Nº 10, 2018.

VON THUR, ANDREAS. *Derecho civil. Teoría General del Derecho Civil alemán.* Depalma, Buenos Aires, 1946.

WILLIAMSON, JOHN. *The political Economy of Policy Reform,* Institute for International Economics, Washington D.C., 1994.

www.ingramcontent.com/pod-product-compliance
Lightning Source LLC
LaVergne TN
LVHW101940220826
846093LV00006B/71

* 9 7 8 1 6 8 5 6 4 7 3 1 5 *